日本株はどこまで上がるか

ポール・クルーグマ
武者陵司
熊野英生
ハーディ智砂子
椿井駿介

宝島社新書

目次

第1章　中国の経済的封じ込めで見直される日本企業
ポール・クルーグマン（経済学者）

第2章　空前の産業革命が到来！　日本経済は歴史的な好循環に

武者陵司（ストラテジスト）

第3章　世界はまだカネあまり　日本企業と株は跳躍する！

熊野英生（エコノミスト）

第4章 「先高感」が出てきた日本経済 日経平均は3倍になるか

ハーディ智砂子（英国在住日本株ファンドマネジャー）

第5章　日本人の資金が日本株に向かえば株は騰がる

椊井駿介（証券アナリスト）

※本書で紹介しているデータや情報は特別な表記がない限り、2023年7月31日現在のものです。本書は資産運用に役立つ情報を掲載していますが、あらゆる意思決定、最終判断は、ご自身の責任において行われますようお願いいたします。ご自身の投資で損害が発生した場合、株式会社宝島社及び著者は一切、責任を負いません。また、本書の内容については正確を期すよう万全の努力を払っていますが、2023年7月31日以降に相場状況が大きく変化した場合、その変化は反映されていません。ご了承ください。

第1章

中国の経済的封じ込めで見直される日本企業

ポール・クルーグマン
（経済学者）

日経平均最高値予想

3万1000～3万5000円

（2023年末まで）

日本の台頭

一定の年齢より上の人は覚えていると思いますが、1990年代の初め、多くの学者はもちろん、一般人も日本の台頭のことが頭から離れませんでした。米国の小説家で映画監督のマイケル・クライトンは1992年に『Rising Sun』（邦題『ライジング・サン』）を出しましたが、これはかなりセンセーショナルな反響を呼んだ日米経済摩擦ミステリーでした。

また、経済学者レスター・C・サローの『Head to Head』（邦題『大接戦 日米欧どこが勝つか』）も、クライトンの本と一緒に空港にある書店に平積みになっていました。その様子は、日本の経営の秘訣を我々に教えてあげようかと主張しているようでした。

我々が日本の台頭に取り憑かれていたタイミングは完ぺきでした。日本の驚くべき台頭が、長期間続く経済力の低下に変わり始めたときだったのです。

ここに、日本の対米国GDP（国内総生産）比率の推移をお見せしましょう（図1

【図1-1】日本の対米国GDP比率

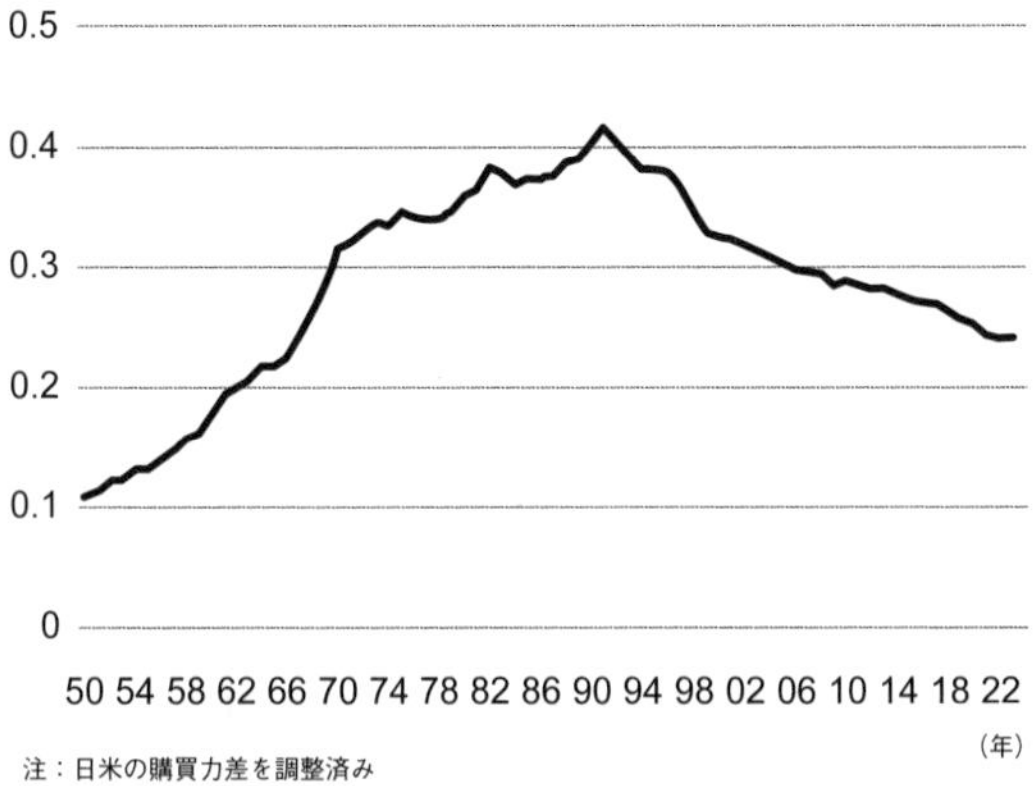

注：日米の購買力差を調整済み
出所：Total Economy Database

－1）。GDPは一定の期間に国内で生産された物やサービスの「付加価値」の合計ですが、両国の購買力（purchasing power）に合わせて調整されたものです。これを見ると1990年代半ばをピークにして、レシオが小さくなっています。

米国から見ても世界から見ても、グローバルな競争というと相手は日本ではなく、中国に移りました。購買力に合わせて調整すると、中国経済はすでに米国より大きいです。つまり事実上の経済超大国です。

しかし、ここ最近の中国経済はぐらついているように見えます。中国が将来たどる道は日本のそれと同じような道になるのではないかと問いかけている人もいます。

それに対する私の答えは、恐らくそうならない、というものです。さらに言うと、中国のほうがひどい状態になるでしょう。その理由を説明しましょう。

日本経済は壊滅的な状態ではなかった

日本経済については常に楽観主義派と悲観主義派に分かれますが、日本に実際に起きたことを見ると、多くの人が想像するほど壊滅的なことではありません。よく耳にする話はこういうものです。１９８０年代末期、日本は途方もない株と不動産バブルを経験しました。それは最終的に崩壊しますが、それが起きたとき、経営難に陥っている銀行と過剰な企業債務を残し、それが一世代の景気低迷につながりました。

もちろん、このストーリーにはいくぶんかの真理がありますが、デモグラフィ（人口動態）という、日本の相対的衰退の最も重要な要素が抜けています。低い出生率

【図1-2】日米労働年齢人口当たりの実質GDP成長率

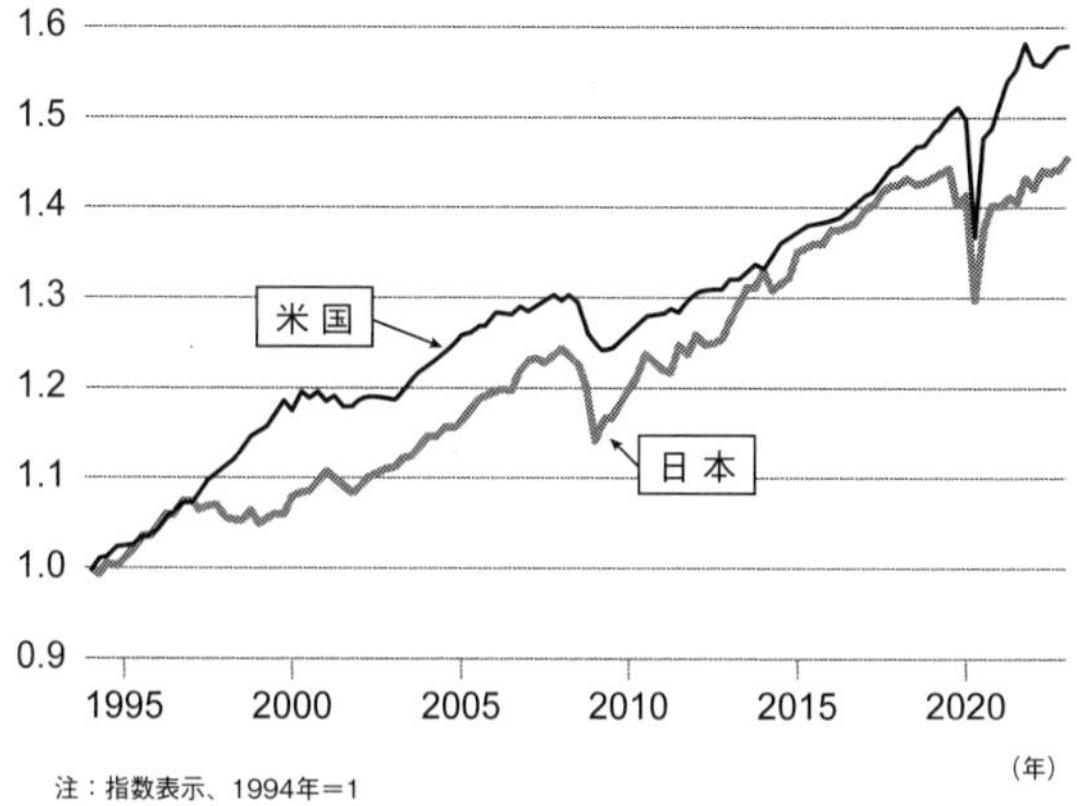

注：指数表示、1994年＝1
出所：Federal Reserve Economic Data (FRED)

と移民を受け入れたがらない日本人の国民性のせいで、日本の労働年齢人口は1990年代半ばから、かなりの速さで下り坂になっています。

日本は経済規模の相対的衰退を避けることができたはずですが、その唯一の方法は、労働者1人当たりの生産高の成長の速さを、ほかの主要経済圏よりもずっと上げることだったと考えます。でも日本はそれができませんでした。

しかし、日本のデモグラフィを考えると、日本の経済の落ち込みはそこまでひどくありません。図1－2は、1994年以来の労働年齢成人1人当たりの実質

【図1-3】日米働き盛りの年齢(25～54歳)の男性の就業率

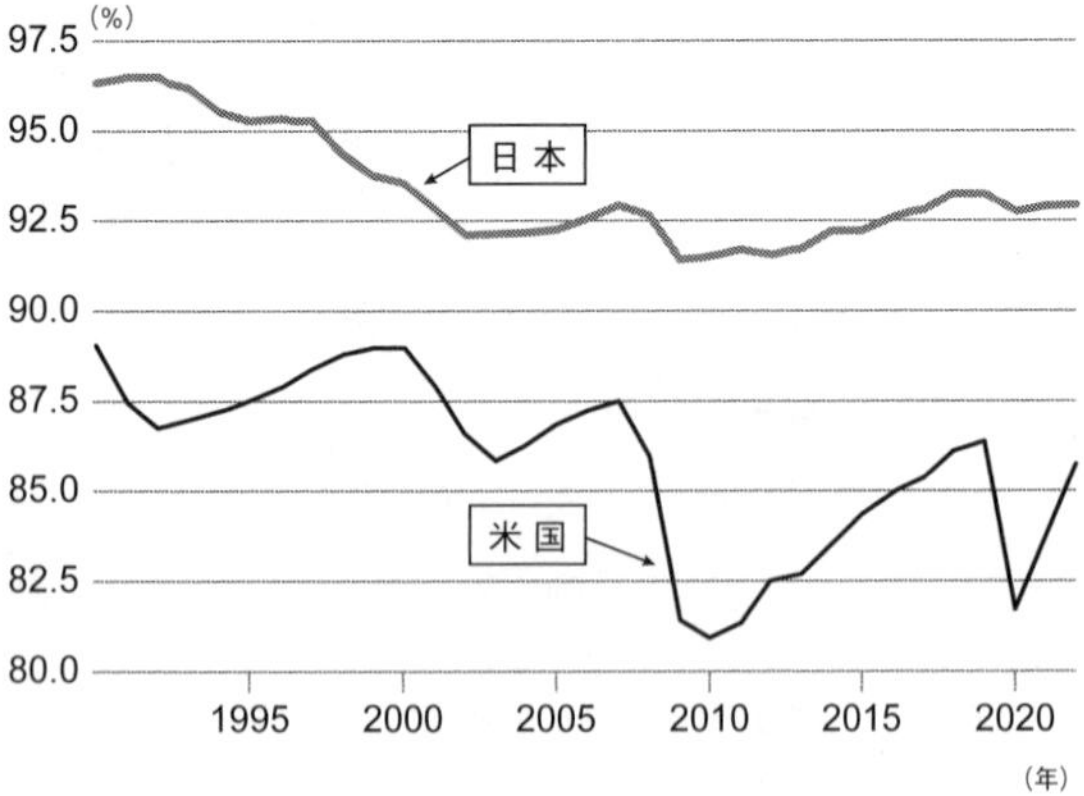

出所：Federal Reserve Economic Data (FRED)

GDPでの、日米の比較です。

デモグラフィに合わせて調整すると、日本は著しい成長を遂げています。1人当たりの実質所得は45％も上昇しているのです（米国はもっと成長を遂げていますす）。

もちろん労働年齢人口が減少している中で、経済を回すことは困難です。人口の伸び悩みは投資が鈍くなる原因になるからです。この考えは「長期停滞仮説」の核心です。つまり、人口増加が鈍い国は、完全雇用を維持することが難しい。また持続的に、失業や雇用に関する課題を抱えてしまう傾向に陥りがちです。

【図1-4】日中における若者（15〜24歳）の失業率

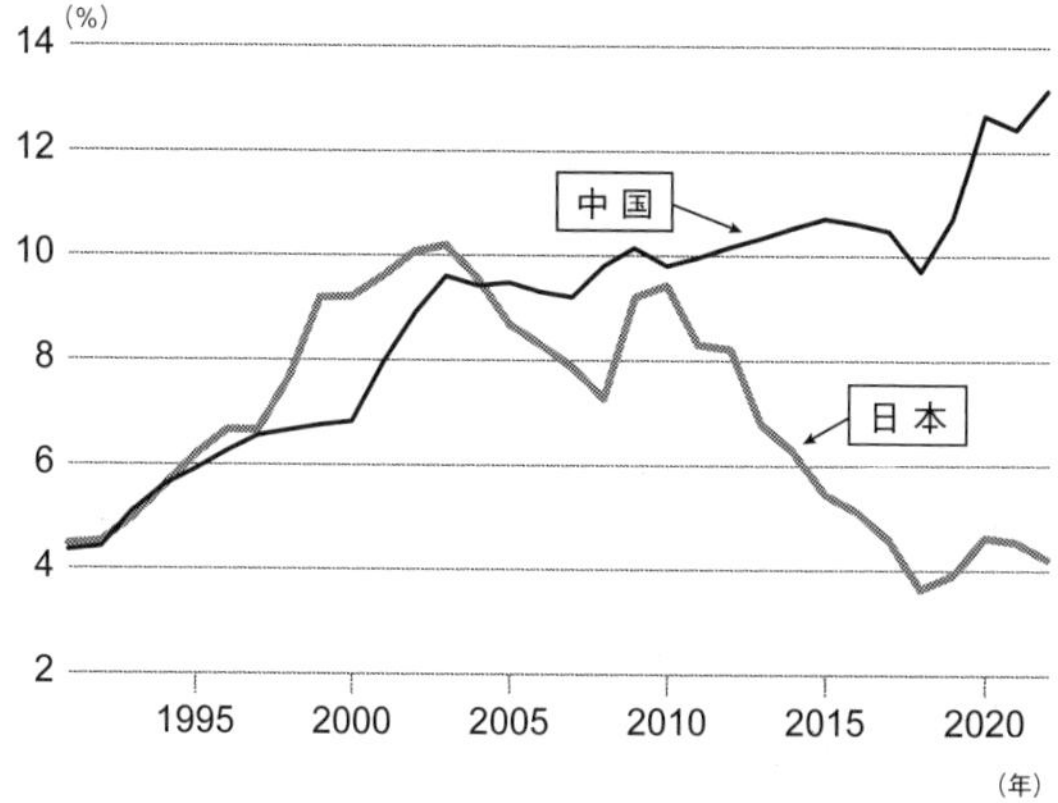

出所：世界銀行

とはいえ、日本は実際のところ、大量失業を見事に避けてきました。図1－3は、日米の働き盛りの年齢（25〜54歳）の男性の就業率です。

日本の就業率はずっと高いままです。米国の就業率に比べるとずっと高い。若者（15〜24歳）も見てみると、1990年代、日本ではたしかに若者の失業率が上がりましたが、失業率の増加はその後、日米で逆転しています。

図1－4は、世界銀行を通して公表された、日本と中国における若者の失業率のＩＬＯ（国際労働機関）の推定です。2005年前後から、失業率は日本のほ

うが低くなっており、2010年頃からはその差が拡大しています。

日本はロールモデルになれる

誰もが「日本が世界を支配する」と思っていた1990年代前半から今日までの日本の経済動向は、実際のところかなりいいのです。たしかに雇用は一部、巨額の赤字財政支出のおかげで維持された側面があります。そのために国の借金は急増しました。

何十年も前から、日本に国家債務危機が起きるといわれてきましたが、実際には起きていません。つまり私が言いたいのは、日本は訓話になるというよりもむしろ、一種のロールモデルになるのではないかということです。繁栄と社会的安定性を維持しつつ、困難なデモグラフィの問題にいかに対処するか、についてのロールモデルです。

このことを定量化するのは難しい。けれども私が実際に話した多くの人は、日本社会は多くの人が認識しているよりもはるかにダイナミックで文化的にクリエイティブであると言っています。

経済学者でブロガーのノア・スミス氏は「東京は新しいパリである」というブログを書いています。日本は言語の壁があるものの、彼の言っていることはほとんどそのまま信じています。

というのも、私自身、本章の構成をしてくれた大野和基氏に東京を案内されたことがありますが、東京がバイタリティに溢《あふ》れていることを確信しています。また、たしかフジテレビだったと思いますが、10年以上前、大野氏のコーディネートで戸越銀座商店街を闊歩《かっぽ》し、いくつかの店を訪れたことがあります。日本はデフレ状態の只中でしたが、商店街の活気はその気配をまったく感じさせなかったことを覚えています。数字上の日本と実際の日本の差をこれほど感じたことはありません。

たしかに、言語の壁のために、東京はかつてのパリと同じ役割を、グローバルカルチャーで果たすことはできないかもしれませんが、日本人が、洗練されたアーバニズム(都会の生活様式)で大成功しているのは明白です。もしあなたが日本は疲弊した、停滞した社会であると考えるなら、それは間違っています。

「中所得国の罠」に陥ったかもしれない中国

それが、中国は次の日本になるのか、という問いにつながります。

今の中国と1990年代の日本にはいくつか明白な類似点があります。中国は消費者需要があまりにも少なすぎる不均衡な経済です。不動産セクターの肥大化だけで、破綻しないで済んでいます。

中国の労働年齢人口は減少しています。また、1990年代の日本と違って、中国経済のほとんどはまだテクノロジーの最先端領域からかなり遅れています。だから、急速な生産性向上の、より良好な見通しが必要です。

また、中国は「中所得国の罠」に陥ったかもしれないという懸念が高まっています。これは、ある一定のところまで急成長するが、そこで成長が止まってしまうという現象を指します。後述しますが、これは多くの新興経済圏を悩ませている問題のようです。

さらに詳しく言うと、今、中国の1人当たりの年間国民所得は8700ドルくらい（約122万円）ですが、そこから高所得に達するには、次の5年で私がよく言う「escape velocity（脱出速度）」が必要です。escape velocityとは物体が天体の引力を振り切って脱出できる最小限の速度で、これを凌駕しないと物体は脱出できず、地球に落ちてしまいます。デフレから脱するにもこの脱出速度が必要でしたが、それを満たしていないと見ています。

先ほど指摘した「中所得国の罠」とは経済発展の理論の1つで、賃金においても重要なカギを握ります。そもそも国の経済成長というのは、まず輸出主導型の低スキルの製造部門が成長し生産性を高め、その後、より高いバリューチェーンの産業で、先進国と競争するのに必要なイノベーティブな能力を獲得することが必要です。しかし、先進国と競争する能力を身につける前に、そうなれる可能性が使い尽くされてしまう状態です。こうすると賃金が上がりません。

1人当たりの年間所得が1000ドルから1万2235ドルの間が中所得の範囲ですが、中国は25年間、この状態でした。

中国は高所得国になれるか

韓国や台湾、シンガポールが高所得国になるまでのここ数十年、中所得国の中国は、経済成長に拍車をかけ、製造主導の成長モデルを超えて成長しつつありますが、労働年齢人口は2012年以来減少し続けています。早くも2013年にはルイス・ターニングポイント（ルイスの転換点）に入ったという経済学者もいます。このターニングポイントとは、余剰労働力が尽きて、インフレ率よりも賃金のほうが早く上がり始めるポイントです。

今、中国に必要なことは、中所得国を卒業し、高所得国レベルに達するのに必要な成長を推進するための市場改革です。しかし、今の中国経済は減速しているようです。もし、中国経済が減速に向かっているのなら、そこで興味深い問いが出てきます。

それは、中国は日本と同じような社会的結束を再現することができるかどうか、という問いです。つまり、多くの人に苦痛を与えず、社会不安を生じさせないで、減速している経済を何とか回す能力があるかどうか、という点です。

私は中国の専門家ではありませんが、常軌を逸した権威主義体制下で、中国はこの困難な仕事をうまくやり遂げることができるかどうか。ただ、中国はかつての日本よりも若者の失業率がすでにはるかに高いことを忘れてはいけません。結論を言うと、経済面では中国は次の日本にはなりそうにありません。おそらく日本よりもっと悪くなるでしょう。

地政学的に見ると、ますます権威主義を強めている中国は日本にとってチャレンジになります。中国はウクライナと戦争をしているロシアから原油を輸入していますが、弱みに付け込んで買い叩いています。だから輸入量は増えていますが、金額ベースでは減っています。

「人口減と出生率の低さ」をプラスに変えている

中国の話が少し長くなってしまいましたが、日本の話に戻ります。

繰り返しになりますが、日本は1990年代初めのバブル崩壊以来、絶望的に経済が停滞していると思われており、それに反論することに苦労してきました。国の借金が膨らみ、過去のイノベーションに頼って生き延び、人口減少というデモグラフィの問題も抱えています。

しかし、国の借金については見事に対処しているのではないでしょうか。日本銀行はつい最近、YCC（Yield Curve Control：長期金利と短期金利の誘導目標を操作し、利回り曲線を適切な水準に維持する政策）の修正に踏み切りましたが、植田和男新総裁は決定会合後の記者会見で「金融緩和の持続性を高めるためである」とその狙いを説明しています。

日銀は黒田東彦《はるひこ》氏が総裁のときの2022年12月に、大規模緩和を維持しつつ市場機能を改善しようと、長期金利の上限を従来の0・25%程度から0・5%程度に拡大しましたが、再修正の理由を「0・5%で厳格に抑えることで市場に影響が生じる恐れがあるから」と説明しています。ただ、YCCは市場で決まる長期金利の水準を中央銀行がコントロールすることになるので、海外から見るとノーマルではありません。

日本の経済成長は目を見張るものではありませんが、1人当たりの経済成長率はほかの国と同等です。パンデミック禍でも失業率は最小で、収入格差も先進国では最も少ない国に入っています。先ほど日本はデモグラフィ問題（人口減少問題）の対処で、ロールモデルになるだろうと述べましたが、それは多くの専門家が日本のマイナス面であると指摘する「人口減と出生率の低さ」をプラスに変えているからです。

高齢者とロボットの活用

日本は65歳以上の高齢者が人口の28％以上を占めていますが、特に地方で高齢者を労働人口に入れようとしています。第二の人生といってもいいほど、地方の高齢者は心身ともに健康を維持しています。また日本は産業ロボットの半数近くを世界に提供していますが、ロボットは高齢者にとっても有用に使われています。ヘルスケアの分野で、ロボットやＡＩを積極的に使っていることは、日本の経済成長に大いに寄与しているのではないでしょうか。

中国が、以前の日本のような景気停滞よりもひどくなるのではないかと、先ほど述べましたが、一方で今の中国はロシアに兵器用のドローンを積極的に提供してロシアの同盟国になり、非常に危険な道を歩んでいます。そういう意味では、日本こそアジア地域のパートナーとしてだけではなく、グローバルに見ても投資先の国として、さらにテクノロジーや安全保障の分野でもリーダーシップを発揮できる国だと思います。

G7で日本はリセッションが避けられる唯一の国

米国や他の先進国はリセッション（景気後退）にいずれ突入するだろうといわれていますが、G7で日本はリセッションが避けられる唯一の国になると思います。ただ、向かい風として中国経済の失速、エネルギー価格の上昇、地政学上の状況の不確実性があります。日本経済は輸出への依存度が極めて高いので、円安はプラスに作用しますが、逆に輸入は割高感が増すので、海外からの仕入れ価格が上昇し、それが物価をさらに上げます。

今、日本で賃金上昇が起きていますが、物価上昇より上回らないと実質賃金は下がることになります。円安はこのようにプラス面とマイナス面があります。

総合的に見るとどちらが上回っているのでしょうか。私はマイナス面がプラス面を上回っていると思います。輸入された食糧やエネルギーの価格が上がるので、物価が上がり、実質賃金が下がるからです。円安は輸出を押し上げるはずですが、昔ほどはそうなっていません。また、オフショアリング（企業が製造など業務の一部もしくは全体を海外に移すこと）していれば、円安のメリットはまったく生かすことができません。

そこで今起きているのは、企業が海外に移した生産拠点を自国内に戻すリショアリングですが、日本政府は中国から日本に製造拠点を戻すのにかかる資金に積極的に助成金を出しています。これはすこぶるいいニュースですが、過剰に楽観的になってはいけません。いくらうまく対処しているとはいえ、日本の人口減少の問題はそう簡単に解決できない問題です。日本は移民の受け入れには極めて消極的ですが、それは米国からとやかく口を出すことではありません。

円安について、海外投資家から見るとこれほどいいチャンスはないでしょう。非常に安く株が買えるのですから。日本株が急上昇した流れを作ったのは、あのウォーレン・バフェットです。彼は2023年4月に来日して、日本の商社株を長期保有する姿勢を改めて示しました。これで日本への投資に安心が広がったことは間違いありません。

もちろん、日本株急上昇を支えているのは日銀が堅持する「異次元の金融緩和」です。上昇相場のきっかけは、日米の金利差による円安を背景に、外国人投資家にとって日本株が大きく割安になったことから始まったのです。資産インフレも進み、それに加えて消費者物価指数の上昇、つまり物価インフレが同時にやってきました。これは日本が約50年ぶりに経験することではないでしょうか。

日本株のこれからですが、PBR（株価純資産倍率）、PER（株価収益率）といったファンダメンタルズから分析すると、下値となるのは3万円程度までで、年内は日経平均株価3万1000円から3万5000円の範囲の中で動くでしょう。

これまで世界経済のけん引役であった中国経済が失速し、日本以上の少子化に加え、少子化対策の影響も出てきました。また、アリババなどの成長企業を政府が冷遇するので、海外からの投資も集めにくくなっています。日本の少子化も深刻ですが、鉄鋼や機械などの基幹産業が揃ったうえ、治安や物価も安定しています。日本に海外マネーが集まるのは自然の流れではないでしょうか。

また半導体について私の考えをのちほど述べますが、台湾のＴＳＭＣが熊本に新工場を建設しています。年内に工場が完成し、来年２０２４年12月から生産を開始するそうですが、これからの10年間の経済波及効果はかなりのものです。地方経済が潤うと、当然それは日本経済にも波及します。特に半導体は、現代の石油といわれるほど、地政学的にも重要な要素です。

賃金をもっと上げろ

賃金に関していうと、名目賃金は昨年と比べると１・８％上昇しました。これは28年ぶりの最速の上昇ですが、インフレ調整後の実質賃金は14カ月連続下落していることを忘れてはいけません（図１－５）。

【図1-5】 実質賃金（前年同月比）の推移

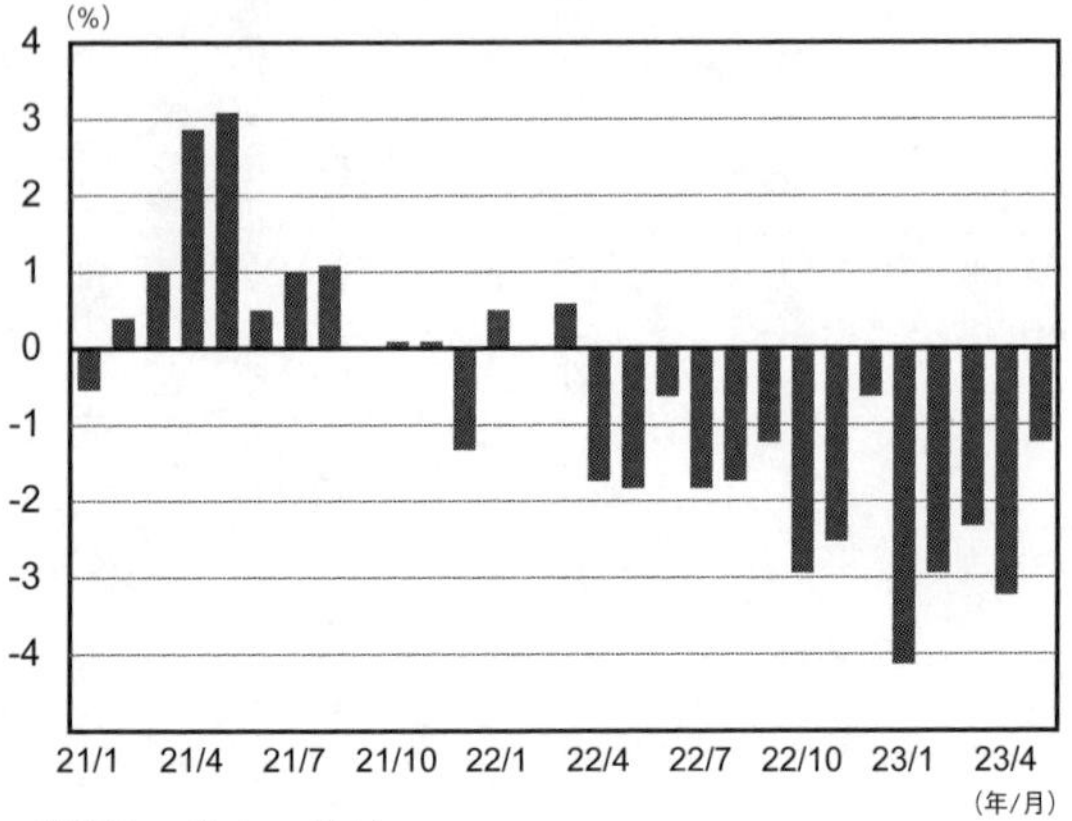

出所：Japan Economy Watch

実質賃金は下がっているとはいえ、名目賃金が上昇したことは、日銀の目標（３％の名目賃金の持続的上昇）には必要なので、上昇しないよりははるかにましです。日銀は２％の持続可能なインフレ率に達するには、名目賃金の上昇が年間３％必要であると見ています。最低賃金も全国平均で時給１００２円となり、初めて１０００円を超えたようですが、米国から見ると話になりません。米国の平均時給は33・44ドル（約４７００円）で、学生でも時給は15ドル（約２１００円）とか23ドル（約３２００円）です。とはいえ、もちろん物価が日本と比べて高い

【図1-6】1カ月当たりの実質賃金の推移

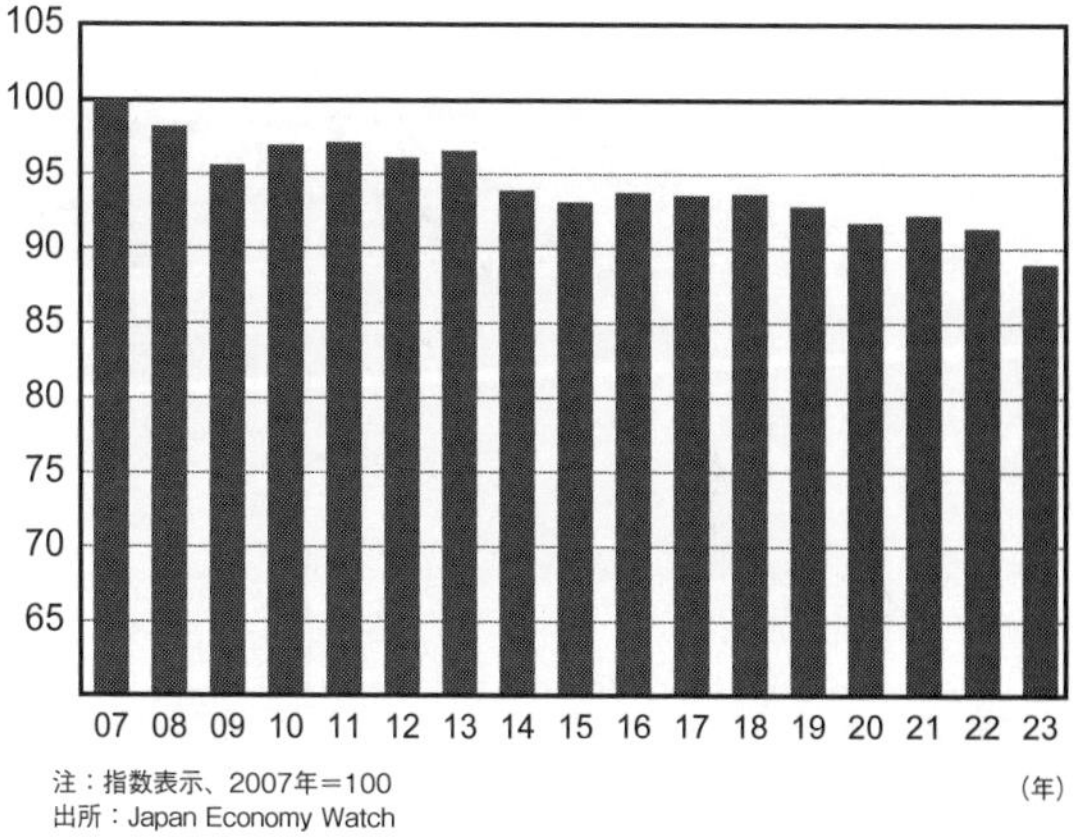

注：指数表示、2007年＝100
出所：Japan Economy Watch

のでそれでも苦しい生活を強いられています。

日本の知人は日本でも物価が上昇していると言っていますが、最近日本に行った友人に聞くと、すべてが安かったと言っておりました。円安ですから、ドル換算すると安く感じるのは当然ですが、それでも日本の賃金は安すぎると思います。

日銀の理論は、賃金が年間3％上昇すれば、日銀はインフレ率を2％に抑えるために金利を上げることができ、そうすることで賃金上昇率を3％に維持できるというものです。しかし、ここでの大き

【図1-7】実質消費支出の推移

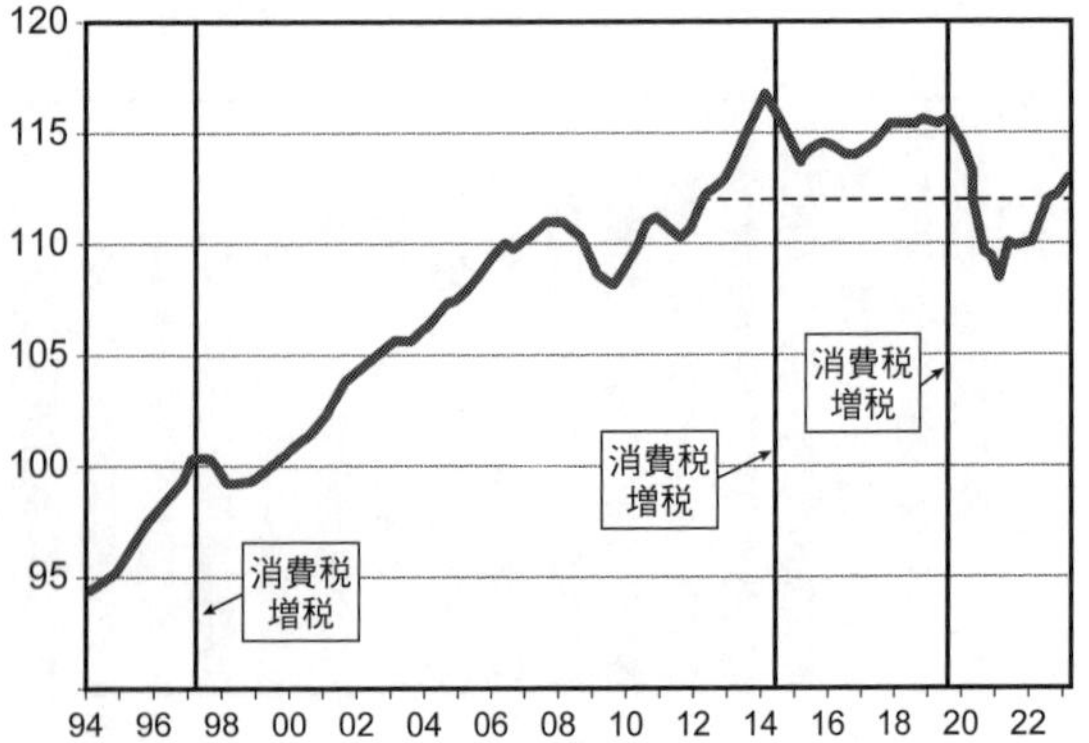

注：指数表示、1997年＝100、四半期ごとの計測
出所：Japan Economy Watch、内閣府 経済社会総合研究所

な問題は、日本の企業（特に大企業）は賃金を上げる余裕があるにもかかわらず、十分に上げないということを何十年もやってきたことです。消費者の購買力を増すには賃金をもっと上げるしかありません。

図1－6を見たらわかるように、日本の1カ月当たりの実質賃金は何年も前から下がり続けています。2023年5月の時点で見ると、2007年のレベルよりも12％も下がっているのです。

実質賃金の減少のインパクトは大きいです。消費者は最初は貯蓄に回さずに、消費していましたが、貯蓄率が低くなると消費が続かなくなります。2023年の初めには、すべての消費者の総支出は10年以上前の2012年とほぼ同じです。その間、2014年と2019年の2回、消費税を上げていますが、それも影響しているでしょう（図1－7）。

企業の利益の増加は、仕事の効率が上がったからではありません。賃金を十分上げないからそれが利益につながっているのです。

デフレ終焉宣言するにはまだ早すぎる

インフレ率についていうと、ついに目標の2％を超えました。欧米のインフレ率と比べるとはるかに低いですが、そういう意味では行儀のいいインフレ率です。ただ、これは内需が拡大して上昇したものではなく、円安という外的な要素で上昇したので、維持できるかどうか、甚だ疑問です。

私と親しい経済学者らも、長期的な回復が見込めるかどうか、みんな疑問に思っています。長期的な安定した経済回復は円安というような外的な要因ではなく、生産性の向上と労働力の伸びによって決まるからです。

日本の長期の生産性向上は1990年から年間平均約0・5%で、労働力も300万人、年率でいうと0・01%しか上昇していません。女性が労働市場に入っていなかったら、もっと小さくなっていたでしょう。これから見ると、これからも維持可能なレベルでいうと、0・5%を超えそうにありません。

今の状況では、インフレ率が2%を超えたとはいえ、外的な要因でそうなったので、デフレが終焉したと宣言するのは早すぎるのではないでしょうか。日銀は決してこのインフレを歓迎すべきではありません。というのも、円安が終わると輸入価格が下がるので、今のインフレを引き起こしている要因がなくなり、インフレ率が下がるからです。またFRBが利上げをやめると、円安が止まります。もし、インフレ率の上昇が一時的なものではなく、もっと安定的なものであれば、日本は今の金融緩和の枠内でYCCのアプローチをやめるでしょう。

日本の労働生産性は低いことで世界的に有名ですが、これを上げるには構造改革をしなければなりません。労働生産性を上げるために行った構造改革のエビデンスがどこにあるかわかりませんが、まだまだ不十分であることはたしかです。

日銀が金融緩和策をやめないのは、今のインフレが外的要因で起きているからでしょう。長期的な潜在的成長は、「anemic（沈滞した）」になる可能性があります。せいぜい年に0・5％の成長にとどまるかもしれません。インフレ率もいずれ中期的には1％以下になるかもしれません。ここで必要なことは財政政策です。DXや気候変動対策がこれに含まれますが、かなり積極的に推し進めないと、好ましい結果は生まれないでしょう。

岸田首相の「新しい資本主義」の評価

岸田首相は「新しい資本主義」で「スタートアップを5年で10倍に増やす」という目標を掲げています。これは非常に元気づけられることです。戦後の高度成長を支えたのはまさにこの起業家精神だったからです。

ソニーなど、現在大企業となっている企業は、当時はまさにスタートアップでした。その精神を取り戻すには何が必要でしょうか。まず、銀行の貸し渋りを解消することです。日本の銀行が新しい企業にお金を貸さないのは世界的に有名です。新しい企業に貸した資金が焦げついても、それを政府がカバーするくらいでないと、スタートアップはなかなか成功しません。起業家精神はリスクをとることですが、それをサポートするには銀行もリスクをとらないといけません。そのリスクを政府がサポートすればいいのです。新しい資本主義に掲げている目標を達成するにはそれくらいのことをしなければならないのです。

今の日本の若者に見られるトレンドとして、仕事やジェンダーに対する考えは、昔とかなり異なっていると聞いています。しかし、従来型企業がそれに適応できるかがカギとなるでしょう。たとえば、日本には優秀な女性がたくさんいますが、今でも男性ほど昇進の機会がないそうです。そういう女性は従来型企業ではなく、新しい企業に入るでしょう。

日本の教育も改革されつつあると聞いていますが、欧米から見るとまだまだ批判的思考(critical thinking)や独立思考(independent thinking)ができていないようです。それは、日本社会は同調圧力や集団心理が強いからだといわれていますが、科学の最先端を行きたければ、教育システムをもっと欧米のシステムに近づける必要があると思います。私は教育の専門家ではありませんが、日本からノーベル経済学賞受賞者がまだ1人も出ていないのは、ひょっとするとそういう独立思考の教育が徹底していないのも一因であるかもしれません。

さらにこれは教育とは関係ありませんが、狭い日本での土地の有効活用が十分できていないことはよく指摘されています。また資本利益率を上げるために減税するとか、規制緩和をすることもお勧めします。

日本で儲けているのに会社をシンガポールなど海外に置くのは、税金が高いからです。減税は重要です。また、消費税もあれだけ反対したにもかかわらず、安倍晋三氏は増税しました。私は大野氏の仲介で直接安倍氏に会って、消費税の増税に反対の意を表明しました。私は今でも消費税をやめるべきだと思っています。

米国の対中国半導体規制法

半導体について少し先述しましたが、私は最近、クリス・ミラー氏の『Chip War』（邦題『半導体戦争』）を読みました。これは半導体が今、世界で経済的にも地政学的にも最も重要なものであることを知るのに最適な著書です。非常にtopical（今日的関心事の高い）な内容で、米国や日本が半導体戦争で、台湾にいかに負けているか、目の前にあった機会を逃してきたかが手に取るようにわかります。

さらに半導体開発において、イノベーターや起業家の活躍が詳細にわかり、人の心をとりこにする力作です。しかも、米国のＣＨＩＰＳ法（対中国半導体規制）が成立したのとほぼ同時に出版されたので、まるでその法律の成立を予測していたかのように感じました。その意味で、出版のタイミングは完璧でした。私の知人の経済学者はみんな読んでいます。

ＣＨＩＰＳ法は２０２２年８月に可決されましたが、この法律で支援を受ける企業に対しては今後10年間、28ナノ以降の半導体製造にかかわる中国向け投資の禁止を発表しました。さらに、２カ月後の10月７日に新たに半導体関連の輸出禁止項目を発表しました。それによると、18ナノ以下のＤＲＡＭ、１２８層以上のＮＡＮＤ、３ナノ以下の回路や基盤を設計するＥＤＡツールは輸出できなくなります。

私が注目したのはまさに、10月に発表された輸出禁止の措置です。これは米国だけではなく、日本を含む他の先進国にも制限を加えることになります。この制限は非常にアグレッシブな措置ですが、これには明白な目的があります。

それは、中国が先端半導体を製造する試みを阻止することです。中国が台湾に軍事侵攻をするのは時間の問題であるといわれています。そのときに米国が軍事介入するでしょうが、先端半導体を製造する能力が中国にあれば、間違いなく中国はそれを軍事利用します。

今回の米国側の措置は明らかに経済的な合理性よりも安全保障を重視しています。それは当然のことです。今後永久にとは言いませんが、当面、中国の先端半導体製造が不可能になることはほぼ間違いないでしょう。

最終的に中国が先端半導体を製造することができるかどうかは、中国国内でその技術を持っている企業が出てくるか、あるいはスパイ行為でその技術を盗めるかどうかにかかっています。今までも直接企業にスパイを送り込んだり、サイバー攻撃で技術を盗んだりしていましたが、そういう邪悪なやり方には今まで以上に注意しなければならないでしょう。

中国はグローバリゼーションを悪用してきた

これを大局的に見ると、中国はグローバリゼーションを悪用してきたということです。ずる賢く利用してきたといってもいいでしょう。

グローバリゼーションは元々グローバルに民主化を推進するはずのものでしたが、今起きていることはその逆で、国際的な対立を引き起こしています。ミラー氏が言うように、「Weaponized Interdependence（武器化した相互依存）」が起きているのです。

従来の貿易戦争は、自分たちの市場へのアクセスを制限することによって経済パワーを行使しようとしますが、その経済パワーは他国の、自国の「crucial goods（半導体のように軍事利用できる重要な部品など）」へのアクセスを制限する能力から来るのです。

この新しい経済パワーのほとんどは米国が持っています。もちろん、こういう経済的プレッシャーを中国にかけられるのは米国だけではありませんが、今は経済的効率を重視すると中国はそれを悪用するので、安全保障を優先するしかありません。相互依存は聞こえがいいですが、地政学的に不安定な状況では必ず中国やロシアのような「bad actor（悪人）」が出てきて、それを悪用します。

「エスカレーション・ドミナンス（escalation dominance）」という言葉をご存知でしょうか。これはグレン・シュナイダーが、米ソ間の核兵器による戦略的な恐怖のバランスの高まりを踏まえ、「安定－不安定のパラドックス」という核保有国間の作用を説明した理論です。

紛争相手方よりも優位に立つためにエスカレーションを支配するための概念として、ノーベル経済学賞を受賞したトーマス・シェリングや軍事理論研究家のハーマン・カーンは、このエスカレーション・ドミナンスを提唱しましたが、私はこの概念をテクノロジーについても適用します。

エスカレーション・ドミナンスは「紛争当事者が、敵に不利な、あるいは敵にコストのかかる方法で紛争をエスカレートさせる能力を持つ一方、敵はエスカレーションの選択肢がないか、あるいは利用可能な選択肢では状況を改善できないために、同じことをやり返すことができない状態」のことです。米国がファーウェイに対して制裁を科したとき、中国は反撃しませんでした。これだけでも米国はまだテクノロジーに関しては、エスカレーション・ドミナンスを有しているということでしょう。

バイデン政権の中国に対する措置は、中国に先端半導体を製造させないようにするためのものですが、これは今までにないほどアグレッシブな措置です。米国がブラックリストに入れている企業は2018~2022年の間に130社から532社にまで増えましたが、中には倒産する企業も出てくるでしょうし、ゾンビ企業になるところも出てくるでしょう。ファーウェイが米国から制裁を科せられたとき、2021年の売上は30%減少しました。

中国がインソース（アウトソースの反対で、国内ですべて調達し、製造まで行う国産化）する前に、先端テクノロジーのサプライチェーン全体を強制的にデカップリングする（切り離す）ということです。言い換えるならば、これは「economic containment（経済的封じ込め）」で、最新武器を製造するのに必要な最先端半導体を製造する能力を失わせるためです。

先端半導体は武器だけではなく、中国が世界的支配をもくろんでいる、ＡＩ、バイオサイエンス、宇宙、ｅコマースなどのセクターでも必要です。米国はウクライナに軍事侵攻したロシアに対して重い制裁を科していますが、中国に対しても容赦ない措置を実施するのです。

中国政府は２０１４年から9年間、年に何百億ドルもの資金を自国の半導体産業につぎ込んできました。石油につぎ込んできた資金よりも多いのです。半導体産業を強化するには、莫大な資金がかかることを正しく認識していたからです。

しかし、中国政府はその資金を賢明に投資することができませんでした。投資利益率は今のところすこぶる悪いです。ただ投資額は莫大であるので、ある程度の成功もあります。

たとえば、ＹＭＴＣという中国の企業は、メモリーチップの分野で、かなり進歩を遂げています。メモリーチップの設計では､中国の能力は少し芽を出しています。

これからの2～3年で最も重要であると思うことは､低価格の半導体に関しては、

中国がその生産能力を大いに伸ばすことです。この安価なタイプの半導体は中国が国内で製造するノウハウを持っているからです。中国が先端半導体を生産できないのは、それにかかわるノウハウを持っていないからで、それを獲得させないために米国は強硬措置をとったのです。

日本は先端半導体製造の遅れを取り戻せるか

日本は半導体の分野で米国と同様、その重要性に気づくのはたしかに遅れました。２０２２年に日本で設立された半導体メーカー「ラピダス」に出資した企業を見ると、トヨタ、ＮＴＴ、ＮＥＣ、ソニーグループ、ソフトバンク、デンソー、キオクシア、三菱ＵＦＪ銀行など各分野のトップです。ＩＴ大手ＩＢＭと組んで研究開発するのを見ると、なんとしてでも先端半導体製造の遅れを取り戻さなければならないという、一種の焦燥感も感じるほどです。

国産化に成功するには、製造のノウハウだけでは足りません。ＴＳＭＣが成功したのは単に先端半導体を製造するノウハウを持っていたからだけではありません。

サプライチェーンに精通していること、オンタイムに製品を届けることで信用を獲得したこと、ビジネスモデルが確立していることが挙げられます。

そのビジネスモデルは、設計や製造も行うインテルやサムスンと違って、他社で設計された半導体を製造する委託製造会社(ファウンドリー)であることです。効率とコスト削減を重視したファウンドリー・モデルこそが、TSMCを成功させたビジネスモデルなのです。このファウンドリー・モデルがミラー氏の言うように、多くのファブレス(工場を持たない)半導体設計会社を生み出しました。

ですから、日本にTSMC工場ができる意義は大きいです。そのビジネスモデルを目の当たりにするからです。また、IBMに加えて、極端紫外線と呼ばれる極端に短い波長の光を用いた半導体露光装置(EUV)技術を持っているオランダの半導体製造装置メーカー・ASMLと連携したことも大きいです。というのも、この半導体装置はASMLがシェア100%を有しているからです。2ナノレベルの半導体回路の露光装置では、この装置がないと製造できません。

今の日本の技術水準では、半導体の回路幅が30~40ナノレベルのものしか作れないといわれていますが、「ラピダス」ではこれを一気に進めて、2ナノの最先端半導体の量産を目指しているようです。それが成功するかどうか私が予測することはできませんが、日本にTSMCの工場ができて、オランダのASMLの100％の協力があれば、そこには大きな希望があります。ASMLとの連携やTSMCの日本での工場建設はまさに「deus ex machina（救いの手）」です。

英語のイディオムに「when the chips are down」という表現があります。これは「切羽詰まったときに」とか「いざというときに」という意味で、「chip」はポーカーなどで使うお金の代わりになる点棒のことです。最後の賭けとしてchipsがボードの上に置かれ、変更が許されない状態です。

またミラー氏の著書のタイトル『Chip War』にもあるように、chipは「半導体」の意味もあります。「ラピダス」の設立はまさに「when the chips are down」の状態といえます。

（構成／大野和基）

第2章

空前の産業革命が到来！日本経済は歴史的な好循環に

武者陵司
（ストラテジスト）

日経平均最高値予想

10万円

（2030年までの7年間）

2030年に日経平均株価は10万円に到達する！

2023年3月頃から顕著になった株価の上昇は、歴史的な大相場に突入した証左でしょう。どれだけ楽観的な見通しを立てている人であっても、その内容はまだまだ弱気すぎると言いきれるほど、すさまじく株価が上昇していく時代を迎えているのです。

おそらく日経平均株価は2023年中に4万円台に到達し、翌年は5万円台まで上昇するでしょう。そして、2030年には10万円の大台に乗せるというのが私の結論です。

もともと私は、かなり以前から日本の大復活シナリオを唱えてきました。足元でそのロードマップはどんどん前倒しになって進んでおり、近代日本の歩みを振り返って見ても、かつてないほどの幸運の時代を迎えています。

ロードマップが前倒しになっている理由については、主に2つが挙げられます。その1つは、これまで日本が実力に比べて不当に低い評価を受けてきたこと。もう

1つは、ウクライナ問題という地政学が変化の流れを加速させる推進力となっていることです。

日本株の本格上昇は、その必要十分条件がそろった証左

それぞれについて、もう少し詳しく説明していきましょう。まず、世界的に見て日本株が非常に割安であるのはもとより、さまざまな意味で日本は悲観視され続けてきました。

足元で一転して急激に日本株が上昇してきたのは、そのための必要条件と十分条件がともにそろったからです。このうち、相場上昇の必要条件は「株価が割安であること」です。

日本株が非常に割安なのは今に始まった話ではなく、10年以上も前からその状態が続いてきました。ずっと低評価に甘んじていたわけです。

第2次安倍政権のアベノミクスが奏功し、過去10年間で日経平均株価は約3倍になりました。しかしながら、日経平均株価の算出に採用されている225社が稼ぐ

利益も約3倍になっていますし、その間に金利も下がっているので、日本株の割安さはまったく是正されていません。

なぜなら、それは十分条件が欠如していたからです。どれだけ株価が割安であっても、デフレスパイラル（物価下落の連鎖）から抜け出せない限り、日本企業は儲けることができないと投資家の多くが悲観しました。

だから、株価が上昇しても企業業績の拡大幅に見合った3倍程度が限度でした。

これに対し、今は割安であるという必要条件に加えて、「日本企業の持続的な成長をはっきりと確信できる」という十分条件もそろったことから、本格的な上昇を遂げているのです。

いち早く気づいた投資の神様が「バフェットキャリー」を仕掛ける

2023年の春に外国人投資家の日本株買いが活発化したのも、十分条件が満たされたことに彼らが気づいたからでしょう（図2－1）。他に先駆け、早々と日本株を仕込んでいたのはウォーレン・バフェット氏でした。

【図2-1】海外投資家日本株式累積投資額（2013年以降）

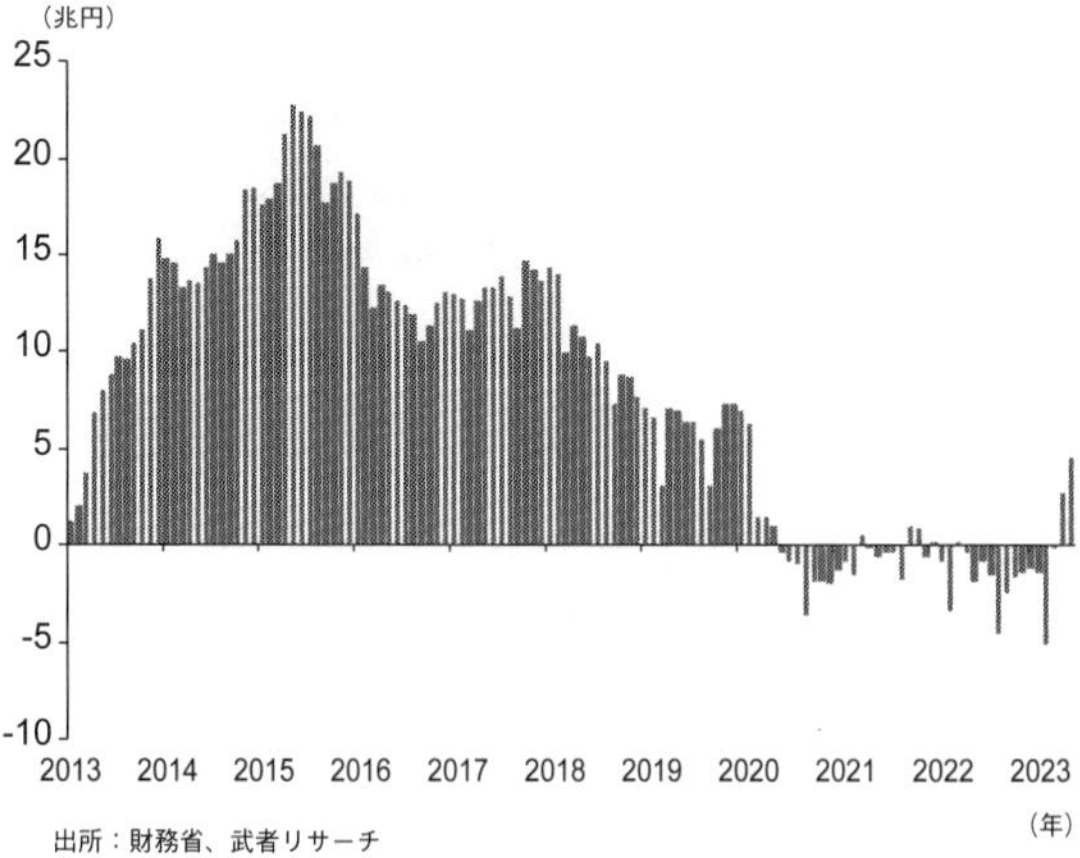

出所：財務省、武者リサーチ

長く一貫して日本株投資に消極的なスタンスを示してきたバフェット氏は、コロナ禍初年の2020年8月に約60億ドルを投じて日本の大手商社5社の株（当時の時価総額合計14兆円の5％相当＝約6400億円）を取得し、それぞれの筆頭株主となりました。それから2年足らずのうちに彼の保有株の評価額は1兆円を超え、1・6倍弱に達するパフォーマンスを達成したものと目されます。

しかも、バフェット氏は2019年の9月と2020年の4月に円建て債を発行することによって、投資資金を調達していました。その調達コストが平均ゾーンの10年債で利率0・44％と推定されるのに対し、取得した5社の配当利回りは4～6％で、インカムゲインだけでも大きな利ざやが得られている計算になります。

私は彼のこの投資行動を「バフェットキャリー」と命名し、レポートのテーマに取り上げたこともあります。ちなみにバフェット氏は2023年に5社の株を買い増し、保有比率が7・4％に拡大しています。

彼は過去70年間にわたって日本株を歯牙にもかけなかったのですが、今や米国以外では最大のウエイトにしているのです。「今後、私は日本のすべての主要企業を観察する」と日本株にさらなる関心を示したバフェット氏は、「投資家というよりも、ビジネスパートナーとしてやっていきたい」と伊藤忠の岡藤会長に語ったそうです。日本企業のビジネスモデルや、企業そのものに対する最大限の敬意といえるでしょう。

「ジャパン・アズ・ナンバーワン」と世界が注目する時代が再来

振り返れば、日本株にとっての最悪期は2012年の終わりでした。その前年に東日本大震災という災禍に見舞われたこともさることながら、民主党政権の迷走ぶりに落胆した海外の投資家は、第2次安倍政権が誕生するまで日本株に見向きもしなくなりました。

かつて1980年代のバブル期には「ジャパン・アズ・ナンバーワン」といわれ、MSCIコクサイ・インデックスにおいて日本株のウエイトが40％強に達していたことを考えれば、あまりにも無残な転落ぶりです。その後、米国が主導して「ジャパン・バッシング」と呼ばれた日本叩きが発生し、日本は弱体化しました。

2000年代には「ジャパン・パッシング（日本素通り）」という言葉が生まれるほど、弱りきった日本が軽視され、デフレからいっこうに抜け出せなかった2010年代には「ジャパン・ナッシング（日本消滅）」とまで揶揄《やゆ》されています。

2012年末に政権交代を果たした第2次安倍政権がアベノミクスを打ち出したことで、ようやく長いトンネルを抜け出したものの、先に述べたように日本株の上昇は3倍程度にとどまり、まだまだ正当な評価とはいえません。

前述したMSCIコクサイ・インデックスにおける日本株のウエイトはいまだに

5%に過ぎないのです。再び日本が世界から注目を浴びるのは、まさにこれからが本番でしょう。

円安から始まる好循環が日本企業の利益成長を牽引する

為替相場で円安が進んできたことは、日本にとって心強い追い風です。これまでドル高・円安が進むと日本にプレッシャーをかけてきた米国が静観している理由については後述しますが、円安から始まる好循環が日本企業の大幅な利益成長をもたらすことになるでしょう。

円安がインバウンド(訪日外国人旅行者)や生産拠点の国内回帰を誘い、賃金の引き上げやインフレの定着、企業の利益拡大に結びつきます。まさに今、こうした好循環が加速しつつあるのです。

2022年までは歴史的な円安が進んでも、そのメリットがなかなか顕在化しませんでした。それは無理もない話で、いわゆる「Jカーブ効果」の前半部分に相当していたからです。

【図2-2】**Jカーブ効果**

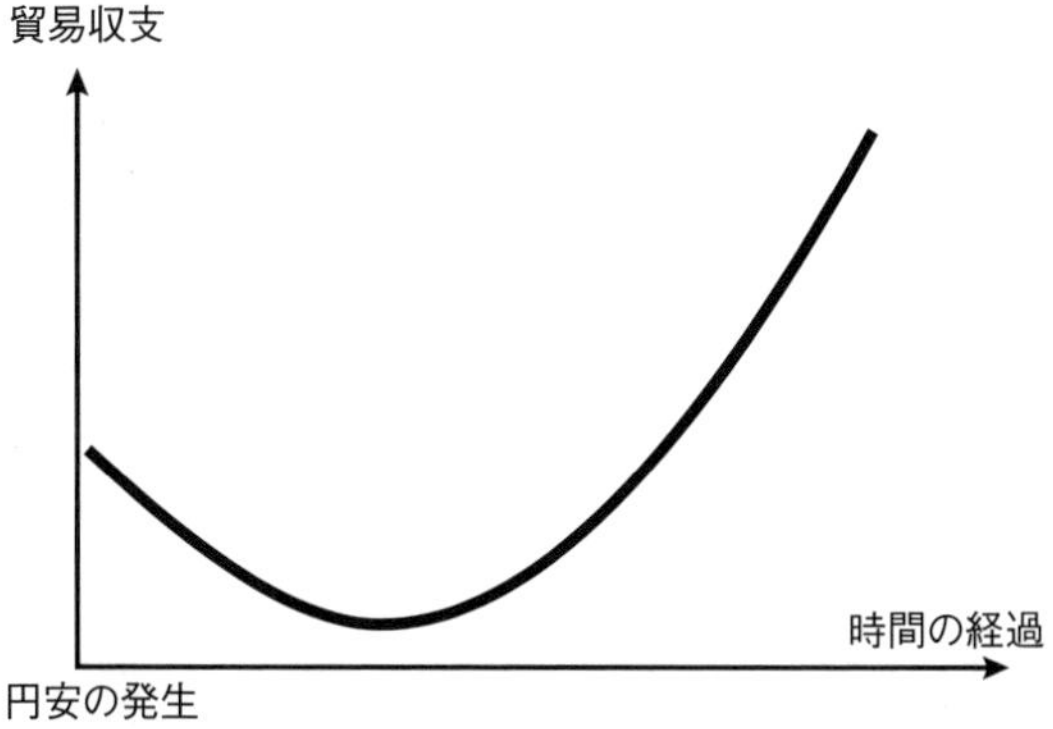

自国通貨安（円安）は、短期的に貿易収支を悪化させるが、その後徐々に改善が進む。縦軸を貿易収支、横軸を時間の経過で描くと、「J」の字のように見えることから、「Jカーブ効果」と呼ばれる。

「Jカーブ効果」とは、為替相場で自国の通貨が安くなっても、その序盤ではむしろ貿易収支が悪化し、やがて時間の経過とともに改善傾向が顕著になるという現象のことです。横軸を時間の経過、縦軸を貿易収支の実績とするグラフにすると、貿易収支の推移を示す曲線がアルファベットのJに似たかたちになることから、こうしたネーミングになっています(図2－2)。

すでに足元においても、数量増によって掛け算で売上や利益が積み上がっていく構図を描いています。その意味でも、円安から始まる好循環はまさにこれから顕著な変化をもたらしていくのです。

日本は「観光開発力」においても世界の頂点に立っている

大幅に円安が進んだことで、日本人が海外に赴いた際には現地の物価があまりにも高くて驚いていますが、インバウンド業界にとってはその真逆のことがいえます。円安によってお得感が高まっていることから、日本の主要な観光地は連日のように外国人旅行者たちでごった返しています。

しかも、インバウンドの回帰は単に円安だけがもたらしたものではありません。ダボス会議で知られるWEF（世界経済フォーラム）が発表した「2021年旅行・観光開発指数レポート」で、日本は1位の座を獲得しています。

こうした高評価は、インフラや文化遺産、豊かな自然と四季などを根拠にしています。加えて、「ミシュランガイド（2021年版）」で星付き評価を獲得した飲食店数の都市別順位で東京は1位（201店）にもなっており、食の都と讃《たた》えられてきた2位のパリ（118店）を大きく引き離しています。さらに、3位には京都（1

07店）、4位には大阪（94店）がランクインし、旅行において不可欠となる食に関しても他国を圧倒しているのです。

こうした強力な「観光開発力」に円安がプラスされれば、最も充実した旅を割安な費用で体験できる国として日本がもてはやされるのは当然でしょう。2020年10月にコロナによる入国規制が緩和されて以降、中国からのインバウンドも急増中です。訪日外国人数は、2023年には過去のピーク（2019年の3189万人）に迫り、いずれは世界最大の観光大国であるフランスの9000万人に肩を並べるはずです。

足元でハイテク（半導体）の生産拠点が日本に集結しつつある

インバウンドのみならず、ハイテク分野における設備投資も日本に集結する動きが見られます。着工中のTSMC（台湾積体電路製造）の熊本第1工場は、2024年末までに稼働予定です。

TSMCは世界最大手の半導体受託製造企業で、熊本第2工場の建設計画も明らかになっています。こちらは、２０２６年末までに生産をスタートさせることを目論んでいるとのことです。

また、トヨタ自動車、デンソー、ソニーグループ、ＮＴＴ、ＮＥＣ、ソフトバンク、キオクシア、三菱ＵＦＪ銀行の出資によって２０２２年に設立された半導体メーカーのラピダスも、５兆円を投じて北海道千歳工場を建設する計画を打ち出しています。同工場において目指しているのは、次世代半導体の量産です。

さらに、韓国のサムスン電子が３００億円規模の資金を投じ、横浜市に先端半導体デバイスの試作品製造ラインを新設することもマスコミで報じられました。２０２５年の稼働を目標にしており、日本政府の半導体補助金を申請し、１００億円以上の補助を受ける模様です。

岸田首相は、経済安全保障の確立において重要な意味を持つ半導体のサプライチェーン（供給網）を国内で強化するため、海外の主要企業のトップと積極的に接触して日本への投資を働きかけてきました。韓国の尹錫悦《ユンソンニョル》大統領が訪日した際にも同国半導体大手企業の首脳が随行しており、サムスン電子の計画は岸田首相の求めに応じたものだと思われます。

次世代半導体において技術上で大きなカギを握っているのは、複数の微細なチップを積み重ねる「3次元化」です。それを担うのが「後工程」と呼ばれるプロセスで、海外の半導体大手も集結することで、この技術におけるハブ的な役割を果たす可能性が考えられます。

東京のデータセンターにおける電力容量（施設の規模を示すバロメーター）は、現時点で北京の半分に過ぎません。しかし、日本経済新聞の報道によれば、経済安全保障の確立に向けた投資が急増することで、3〜5年後には北京に肩を並べ、アジア最大レベルに到達すると目されています。

一方、日本企業が生産部門を国内に回帰させる動きも表面化しています。京セラ、安川電機、キヤノン、富士フイルム、ローム、ルネサス、日立、パナソニック、資生堂、ユニ・チャーム、ライオン、アイリスオーヤマなど、枚挙にいとまがないほどの状況です。

かつて世界最強だった日本の半導体が弱体化した真相とは？

ところで、なぜ岸田政権は国内における半導体サプライチェーンの強化が経済安全保障の確立に必要だと捉えているのでしょうか？　依然として半導体の製造に用いる材料や製造装置の分野では大きな世界シェアを獲得しているものの、半導体（完成品）の供給では米国や韓国の後塵を拝しています（図2－3）。前述したように、1980年代半ばから日本が「ジャパン・アズ・ナンバーワン」と呼ばれるほど世界的に躍進していた頃、その牽引力となったのが半導体でした。1990年には、世界半導体生産の5割を日本メーカーが担っていたときもあったのです。「日本の産業の中核を担うもの」という意味を込めて〝産業のコメ〟とも例えられていましたが、米国の策略によって1990年代末には見る影もなく凋落《ちょうらく》しています。

いわゆる「ジャパン・バッシング」で、ベトナム戦争の戦費調達で双子の赤字（財政・貿易）が膨張していた米国は、1970代から日本の貿易黒字に文句をつけてきました。当初の矛先は日本の繊維製品に向けられていましたが、1980年代以

【図2-3】半導体関連世界市場規模と世界シェア（2020年）

	世界市場規模（億ドル）	各国シェア（%）						
		日本	中国	他アジア	韓国	台湾	米国	欧州等
半導体需要	**4734**	7	40	33			10	10
半導体供給（メーカー国籍別）		9	5		19	7	51	9
半導体生産		19	19		21	20	11	10
半導体製造装置	**620**	32	8		2	1	38	19
半導体材料	**175**	56	2		10	14	5	14

注：小数点以下の端数調整により、シェア合計100％にならないものあり
出所：OMDIA

降は鉄鋼や自動車などとともに、半導体も〝日本叩き〟の標的になっています。

結局、日本の製造業は米国製半導体を強制的に購入させられるハメになりました。半導体を用いた製品を生産する際には、すべて国産品で調達するのではなく、必ず２割は海外（米国企業）から仕入れることを押しつけられたのです。

こうした圧力で日本の半導体が衰退する一方、米国が世界シェアを握り、韓国や台湾の台頭を許すことにもつながりました。米国の思惑通りに事が運んだわけですが、日の丸半導体の復活をかけてサプライチェーンの強化を推進しようとし

ている岸田政権の政策を容認しているのはなぜなのでしょうか？

日本経済を浮揚させなければ、米国は中国との対立で圧倒的不利に！

現在の米国は、地政学的な観点から日本にハイテク産業が集積する体制を構築すべきだと考えている模様です。日米両政府が半導体や先端・重要技術などの協力を巡る共同声明を発表し、蓄電池の製造に不可欠な重要鉱物のサプライチェーン強化に関する協定を締結したこともそれを裏付ける材料です。

また、米国の財務省は、他国が自国通貨の為替相場を意図的に誘導しているか否かをチェックする「監視リスト」の対象から日本を除外しました。日本が除外されたのは、同リストの指定が始まった2016年以来初めてのことで、ドル高・円安傾向が続いている状況を容認した格好になります。

では、今になって米国はどうして日本に肩入れしているのでしょうか？　それは、日本経済が強くなってくれなければ、米国は中国との対立で圧倒的に不利となってしまうからです。

そもそも中国が急激に頭角を現したのは、日本に集積していたハイテク産業を駆逐し、中国や韓国、台湾へ追い出したからです。言い換えれば、中国の台頭による最大の犠牲者は日本なのです。

ともかく、スマートフォンの9割が中国で生産され、世界における半導体需要の4割が中国に集中していることは、ハイテク製品の供給を同国が一手に担っているという事実を物語っています。こうした状況で中国と戦争に至れば、直ちに米国はライフラインを奪われてしまうわけです。

地理的に中国の脅威に晒《さら》されている台湾、韓国といった危険地帯に、ハイテク産業を集積させたままにしておくのは、米国にとって非常に危ういことです。とはいえ、もはや米国にはハイテク製品製造に関する基盤が残っておらず、もともと集積していた日本に戻すのが最もてっとり早い戦略です。

このような背景から、衰弱して滅びる運命にあると思われていた日本の半導体が突如として息を吹き返し、国内において猛烈な勢いで大掛かりな設備投資が進められているのです。米国の強力な後ろ盾があることから、為替相場が円高に反転して投資の動きが鈍るようなことはまずありません。

日本が大きな飛躍を遂げ、血湧き肉躍る時代に突入している

実は、こうした米国の方針転換について、私は10年以上も前から主張してきました。米中対立で米国が中国の封じ込めに入れば、日本に追い風が吹き、円高やデフレが終わると、2011年に出版した拙著『「失われた20年」の終わり 地政学で診る日本経済』（東洋経済新報社）の中で指摘していたのです。

しかしながら、当時は世間からコンセンサス（共通認識）が得られませんでした。ここに来て、今まで述べてきたようにいくつもの証拠が見つかっており、揺るぎのない事実であるとの確信が強固になっています。

だからこそ、目の前で起きている株価の上昇は、歴史的な大相場の入口だと私は訴えているのです。たまたま景気が上向いてきたからとか、たまたま円安が進んだからとかいった、単純な理由で株高になっているわけではありません。

私は本章冒頭において、日本復活のロードマップが前倒しになっている理由の1

つとして、ウクライナ問題という地政学が変化の流れを加速させる推進力となっていることを挙げました。かねてより米中の対立が深刻化していただけに、ロシアによるウクライナ侵攻を機に、米国は地政学という観点から対中政策として日本復活を後押しせざるをえません。

近代日本における興亡と地政学レジームを振り返ってみても、この動きは歴史的な大転換です。まだ世間の多くの人々が気づいていない様子ですが、日本が大きく飛躍を遂げ、まさに血湧き肉躍る時代へと突入しているのです。

ウクライナ戦争を機に、民主主義国家の価値観が根底から変わった

2022年、世界は3つの歴史的変化が顕在化しました。ウクライナ戦争は、こうしたここ1年間程度における大きな3つの変化の1つに挙げられます。米国はこの事態を受けて、中国に対する警戒感をいっそう強めざるをえませんでした。

しかも、ウクライナ戦争は金融危機のようなお金の流れに関するショックとは違い、人命に直結する問題です。それまで誰もが疑うことのなかった予定調和的なリ

ベラル・デモクラシーは完全にひっくり返され、世界中の人々の価値観は根底から変わることとなりました。

アフリカや中東などの紛争地域のみならず、高度な生活を営んでいる国においても、突然、他国から侵略されるということがありえるのです。地球上のどこでウクライナ戦争のような事態が発生しても不思議はないことを、世界中が痛感したことでしょう。日本にとっても、ウクライナ戦争は決して「対岸の火事」ではなく、いつ何時巻き込まれるかもしれない有事です。

なぜなら日本は、中国、北朝鮮、ロシアという暴虐3国家のすべてと国境を接している世界で唯一の国だからです。とにかく、世界の民主主義国家における価値観は、ウクライナ問題を機に劇的に変化しました。

カーボンニュートラルよりも命のほうが大事！ 価値観が一変

実際、ウクライナ戦争が始まるまで世界における最大の政策的なアジェンダは、地球温暖化問題への取り組みでした。つまり、カーボンニュートラル（温室効果ガスの排出量と吸収量の均衡）です。

ところが、ロシアがウクライナへ侵攻した途端に、環境問題どころではなくなってしまいました。ＥＳＧ（環境・社会・企業統治）やＳＤＧｓ（持続可能な開発目標）にも注目が向けられていましたが、そういった理想主義的なテーマよりも、もっと切実な問題と直面することになったのです。

建前的なことについて議論している場合ではなく、とにかく命が大事だという話になっているわけです。我々の思想にさえ影響を及ぼしている点において、ウクライナ問題は紛れもなく大変化といえるでしょう。

そして、ウクライナ戦争が長期化するのに伴い、世界の民主主義国家において重視されるようになってきたのが「大きな政府」です。いわば、市場ではなく政府の時代を迎えており、このことも足元で発生している大きな変化の１つに数えられるでしょう。

軍事的に対峙する状況になれば、もはや民間企業が太刀打ちできる話ではなくなってきます。また、中国という一大国家を相手に、民間企業が市場経済ベースで競争しても勝ち目はありません。つまり、すべてにおいて政府がイニシアティブを発揮しなければならない時代が訪れているということ。世界の資本主義が大きな壁にぶつかっており、それを乗り越えるためには政府の強力なリーダーシップ（極めて大きな政府）が不可欠となってきたのです。

ロシアを擁護し、国際的な立場を危うくしている中国

一方、ウクライナ問題は中国の国際的な立場を危うくしています。当初、中国はウクライナを擁護する国々とロシアとの間に入って、うまく調整役を務めて世界的に存在感を高めようとしたのでしょう。しかし、中国はロシアと同じ穴のムジナであると、世界の多くの人々は捉えています。

ウクライナ侵攻前の２０２２年2月初旬、北京冬季オリンピックの開会式に招かれたプーチン大統領は、習近平国家主席との首脳会談後に「新時代の国際関係とグローバルな持続可能な発展に関する中露共同声明」を発表し、重点分野において協力し合うとの文書に調印しました。同盟までの結びつきではないにせよ、運命共同

体として力を合わせることを世界に表明したわけです。

しかも、ウクライナ侵攻を踏まえて中国がこの共同声明をいったん棚上げするかと思いきや、むしろロシアを擁護する側に回りました。その結果、中国のグローバルな立場は明らかに悪くなっています。

ChatGPTを筆頭とする生成AIがもたらす「空前の産業革命」

ここ1年間程度のうちに発生した3つ目の大きな変化は、まさしく「空前の産業革命」といえる技術革新です。

スマートフォンの普及一巡とともに技術革新は最終ステージまで到達し、GAFA（グーグル・アマゾン・フェイスブック・アップル）がリードする新しいテクノロジーの時代は大きな踊り場に差し掛かったという印象が巷《ちまた》では強まっていました。技術革新に関して、しばらく大きな変化は起きないと多くの人たちが考えていたわけです。ところが、そんな想定を超える新産業革命が起こっています。

それは、ChatGPTを筆頭とする生成AI（学習済みのデータを活用してオリジナルの文書や画像などを生成できる人工知能）の台頭です。その発達や普及によって、知的労働者の8～9割が失業するとさえいわれています。

多くの人々の職が奪われるということで、ネガティブに捉える声も少なくありません。世界でいち早く産業革命を迎えた英国でも、19世紀初頭にラッダイト運動と呼ばれる暴動騒ぎが起きました。

「我々の仕事を奪う機械をぶち壊せ！」と熟練工たちがシュプレヒコールを上げ、工場に導入された機械を打ち壊したのです。たしかに、機械化によって彼らの多くは職を失いました。

しかしながら、産業革命がとてつもなく生産性を向上させたというポジティブな側面も見逃せません。その結果、従来よりもはるかに大きな富が生み出されたわけです。

生成ＡＩの浸透でも同じような効果が見込まれ、その導入がもたらす生産性の向上によって、生み出す富を拡大させることが期待されます。それが現実となるにつれて、おのずと世界的に株高現象が発生するのは必至の情勢でしょう。

「成長と分配の好循環」というアベノミクス路線に回帰した岸田政権

マイナンバーカードを巡る不手際で支持率は悪化しているものの、岸田政権が打ち出した政策も株価浮揚につながることが期待されます。なぜなら、「成長と分配の好循環」というアベノミクス路線に回帰する内容だからです。

菅政権の退陣を受けて自民党総裁選に立候補した当初、岸田氏が掲げたのは「新しい資本主義」という政策でした。一般国民への分配を重視した内容ですが、おそらくアベノミクスの継承者だった菅氏との違いを明確にする目的も含まれており、岸田氏自身には特にこだわりがあったわけではなかったのでしょう。

案の定、アベノミクスとは真逆ともいえる内容の「新しい資本主義」政策に、株式市場はノーの答えを突きつけました。株価の急落という大反発を食らったことによって、岸田氏の構想はいったん頓挫したわけです。

しかし、岸田氏は聞く耳を持っていたようで、「新しい資本主義」で打ち出していた内容を換骨奪胎し、アベノミクスと同じように株価を重視する方向へと大転換を図りました。「新しい資本主義」においても、徹底して成長を追求していくとの姿勢を打ち出したのです。

そのうえで、「成長の果実が適切に分配されて、それが次の成長への投資に回らなければ、さらなる成長は生まれない」との考えを示しました。さらに、長く日本では成長の果実が地方や取引先へ適切に分配されず、研究開発や設備投資、従業員の給料にも十分に回されていないという「目詰まり」が存在してきたと指摘。その「目詰まり」を解消するために、①賃金アップ、②スキルアップによる労働移動の円滑化、副業の推進、③貯蓄から投資への「資産所得倍増プラン」といった施策を掲げました。

「NISA」改革が呼び水となって、ようやく貯蓄から投資が本格化

ずっと日本に存在してきた「目詰まり」を解消する最も効果的な方法こそ、株価重視の経済政策への転換です。つまり、前述の3つの施策の中でも③が重要な意味を持つということになります。

2013年、故・安倍元首相はニューヨークで外国人投資家を前に「バイ・マイ・

アベノミクス（アベノミクスは『買い』だ）」と宣言し、日本株への投資を呼びかけました。2022年5月に岸田首相も、それにならって「インベスト・イン・キシダ（岸田に投資を）」とロンドンの投資家にアピールしています。

この変わり身は大正解であり、岸田長期政権化のカギともなってくるでしょう。したがって、岸田政権が打ち出した修正版「新しい資本主義」の具体策の中でも、特に注目すべきは「資産所得倍増プラン」の中核となる「NISA（少額投資非課税制度）」の改革です。

制度の恒久化や税制優遇の拡充によって、個人の金融資産が預金から株式へとシフトする動きが始まっています。長らく日本の株式市場では、外国人投資家による取引が出来高の7割を占め、国内投資家の存在感が希薄になっていました。

個人投資家に至っては、ほとんど不在に近いという状態が続いてきたのです。「NISA」改革が呼び水となって、こうした状況に変化が生じる期待が高まれば、外国人投資家の日本株買いが活気づくのは無理もないことでしょう。

日本企業が株主価値の最大化に軸足をシフトさせた！

２０２３年3月末の『フィナンシャル・タイムズ』電子版に、「日本が資本主義になる」というタイトルのコラムが掲載されました。ようやく日本企業が重い腰を上げ、株主価値の最大化に軸足をシフトさせて株価上昇の期待が高まっているといった趣旨の記事です。

日本企業は、円高とデフレが進む過酷な環境下で収益性の向上に成功するという困難なことを成し遂げたのに、そうやって稼いだ利益を株主に還元するという簡単なことには躊躇してきたと指摘しています。そして、日本企業の多くは現金の山を抱えたままで賃上げや自社株買いにはほとんど手を出さなかったものの、今後は劇的に変わるかもしれないとの見解を示したものでした。

このコラムに書かれていたことはまさに真実で、日本企業は利益をもっぱら内部留保に回し、過剰貯蓄による資本効率の悪さが日本株安の原因となってきました。米国株のＰＢＲ（株価純資産倍率）が4倍前後まで上昇しているのに対し、日本企業のPBRは1倍前後に過ぎず、世界最低の水準で低迷しています。

そこで、アクティビスト（モノ言う株主）は「日本株が割安なのは経営者が株主の期待に応えていないからだ」と批判し、数々の日本企業に対してTOB（株式公開買い付け）という手法で大株主になり、企業戦略の変更を仕掛けました。彼らは「ハゲタカ」と揶揄されがちですが、その指摘は正当で、東証上場企業の自己資本比率は平均でほぼ50％に達し、欧米（30％前後）よりもはるかに高いのが実情です。

つまり、過剰に自己資本を積み上げており、その分を自社株買いによって株主へ還元するのが本来の望ましい姿なのです。そうすれば、効率経営の尺度であるROE（自己資本利益率）が大幅に上昇し、株式市場で好感されて株価（株主価値）の上昇が期待されます。

現に、アクティビストから注文をつけられた大日本印刷やシチズン時計は自社株買いを決断し、株価は実施前と比べて3割以上も高騰しました。その結果、株価を株主資本で割って算出するPBRは実施前が0・6倍前後であったのに対し、0・9倍超まで上昇しています。

こうした前向きな変化を外国人投資家が高く評価するのは当然です。次に自社株買いを発表する企業を探し出そうとする動きが活発化していることも、日本の株式市場を盛り上げています。

アクティビストが日本企業に要求した「株価を尺度とした企業経営」は、東証と金融庁も推奨していることです。東証は資本コストや株価を意識した経営を上場企業に求めており、PBRが1倍以下の低水準になっている企業に対し、その状態を是正すべきだと働きかけました。金融庁を率いる鈴木俊一内閣府特命担当大臣も、株価が低い企業にその改善プランを求めるという方針を表明しています。

このように、日本の当局は完全にアクティビストに同調しており、否応なく日本企業は余剰資金を株価の上昇のために投入せざるをえなくなっているのです。

これまでの日本企業による自社株買いは、2021年度が約8兆円、2022年度が約10兆円だったと推測されますが、2023年度には15兆円規模まで膨らみ、日本株の最大の買い手となることも期待されます。

自社株買いが株価を上昇させ、個人消費を刺激する好循環が生まれる

実は、米国株の上昇を主導したのも自社株買いだといっても過言ではありません。リーマン・ショック以降の12年間で米国の株価（NYダウ）は5倍になりましたが、その間には累計で約4・5兆ドルにも及ぶ米国企業の自社株買いが実施されました。

かつての日本企業とは対照的に、米国企業の大半は獲得した利益のほぼすべてを配当と自社株買いを通じて株主へ還元してきました。その結果として株価は大幅に上昇し、米国人の家計の純資産は値上がり益によって90兆ドルも増えています。

この増額分はGDP（国内総生産）の4倍超に達する規模で、この強烈な「資産効果」が米国の旺盛な個人消費の源泉となっていたのです。「株価を尺度とした企業経営」が日本でも浸透していけば、米国と同じような好循環が発生する可能性が高いでしょう。

意外と気づいていない人も多いのですが、ここに来て先述したような「成長と分配の好循環」が日本でも期待されているのは、アベノミクスの賜物です。財務省財

務総合研究所の公表データによると、2010〜2012年における法人企業（全産業）の経常利益は40兆円台にとどまっていました。

ところが、アベノミクス以降は増加傾向が顕著になり、2019年度には約72兆円に達しています。2020年度はコロナの世界的パンデミック（大流行）が足を引っ張ったものの、2022年度には94兆円に達し、民主党政権時代の2倍に増えています。アベノミクスによって日本企業の稼ぐ力が完全復活したことで、積極的な自社株買いを進める原資が蓄えられたわけです。「NISA」を通じた積立投資で個人の金融資産が投資へとシフトし、企業も株主を意識して自社株買いを活発化させれば、おのずと株価は右肩上がりを描いていくはずです。

そうなると、機関投資家の間でも債券から株式へと資金をシフトさせる動きが顕在化し、日本人が全員参加型で株式投資に乗り出す時代の幕が開けそうです。ここまでの日本株はもっぱら外国人投資家の買いに支えられてきただけに、すべての国内投資家が動き出せば、とてつもない上昇圧力を生み出すことでしょう。

（構成／大西洋平）

第3章

世界はまだカネあまり 日本企業と株は跳躍する！

熊野英生
（エコノミスト）

日経平均最高値予想

3万6000円

（2024年末）

変貌する企業収益――株価と景気判定

2023年6月短観は、大企業・製造業の業況判断DI（ディフュージョン・インデックス）が久々のプラスに転じた。5期連続のDIの前期比マイナスからの反転である。3月の1から6月は5へと、+4ポイントの上昇となった。この短観のDI反転は、景気後退期から景気拡大期への転換と重なることが多い。ならば、「今も景気後退から景気拡大に転じる」という意味なのか。

本論に入る前に、少し日銀短観について説明しておこう。短観は、日本の代表的な景気指標である。日銀の調査統計局が3カ月ごとに発表する。正式名称の「全国企業短期経済観測調査」を略して「たんかん」と呼んでいる。これを見ていれば、景気の良し悪しはごく簡単にわかる。主要新聞各紙の1面、または経済面に、短観の結果が発表されるたびに大きく報じられる。内閣府のGDP統計に並ぶ、メジャーな経済統計だ。

短観の業況判断DIとは、回答する企業経営者が、自分の会社の業況を「良い」「さほど良くない」「悪い」の3つの中から選んで、日銀が集計したものである。集計値は、「良い」と回答した経営者の割合から、「悪い」と回答した割合を差し引いたものであり、回答の散らばりを指標化している。DIがプラスであれば、「良い」という回答が増えていて、景気実感が改善していることになる。この指標は、実感を指標にしただけのシンプルなものだが、意外なほど景気変動の転換点をよく当てる。

筆者は、20歳台のとき、日銀に勤務して、調査統計局でこの短観のデータを集計するチームの担当者をやっていた。100社以上の大企業に電話でヒアリングをして、3カ月に1度の集計時期には大忙しになったため、「季節労働者」だと称していた。統計を自分で作っていると、普通のエコノミストが知ることができないデータの裏の裏まで知ることができる。だから、短観の担当者を離れて、長い期間にわたってその変化に注目し、短観が不思議とよく当たることについては、何か神々しい存在だと思っている。

その短観が2023年6月に反転したのだから、何かが起こっていることは直観できた。この反転の手前では、5四半期(15カ月間)の悪化の期間があった。悪化

【図3-1】日銀短観の長期時系列推移

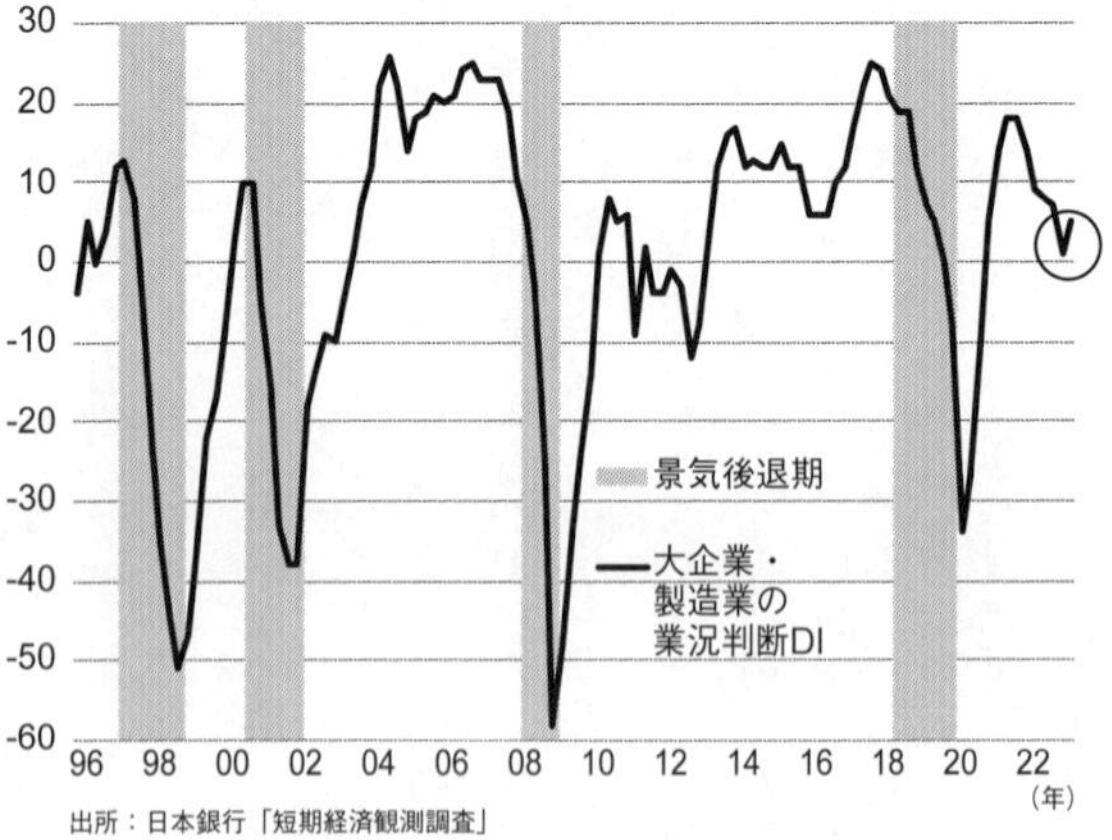

出所：日本銀行「短期経済観測調査」

の始まりは、米国でＦＲＢ（連邦準備制度理事会）が利上げを開始したタイミングである。１９８０年以来の急激な利上げだといわれた。その２０２２年３月からの利上げと同時に、日本でも景気後退期が始まっていたと仮定すれば、６月のＤＩ反転は景気拡大期への転換のシグナルとも理解できる。

　これまで日銀短観の大企業・製造業の業況ＤＩが変化すると、それが景気の転換点になっていることが多かった（図３－１）。転換点のシグナルという意味では、単に「ＤＩが前回比プラスになる」というのではなく、何度か続いたＤＩマイナスの局面が上向きに変わったタイミングで特に顕著だ。そうした変化は、ほとんどの場合、景気拡大期への転換点になっていた。

より厳密な議論をすると、リーマン・ショック後の２００９〜２０１８年にかけての長期拡大期では、２度の踊り場があった。今次局面（２０２２年３月〜）は、それに似ている。２０１０〜２０１２年の踊り場は東日本大震災の前後だった。２０１４〜２０１６年の踊り場は消費税増税の後遺症だった。今次も、後年振り返って見ればコロナ不況後の踊り場として理解される可能性もある。

過去の景気日付と日経平均株価の関係をプロットすると、２００８年以降は景気後退期から景気拡大期に転じると、そこで株価は上昇局面に移行することが多かった（図３－２）。細かく見れば、株価は景気の踊り場のときは足踏みし、踊り場を脱するとやはり上昇ペースを早めている。株価は、景気動向とシンクロすることが多いといえる。

内閣府「景気動向指数」では、ＴＯＰＩＸが先行系列の中に入っている。月次では、この先行指標は２０２２年10月にボトムを迎えて、２０２３年４月まで６カ月連続

【図3-2】日経平均株価の時系列推移

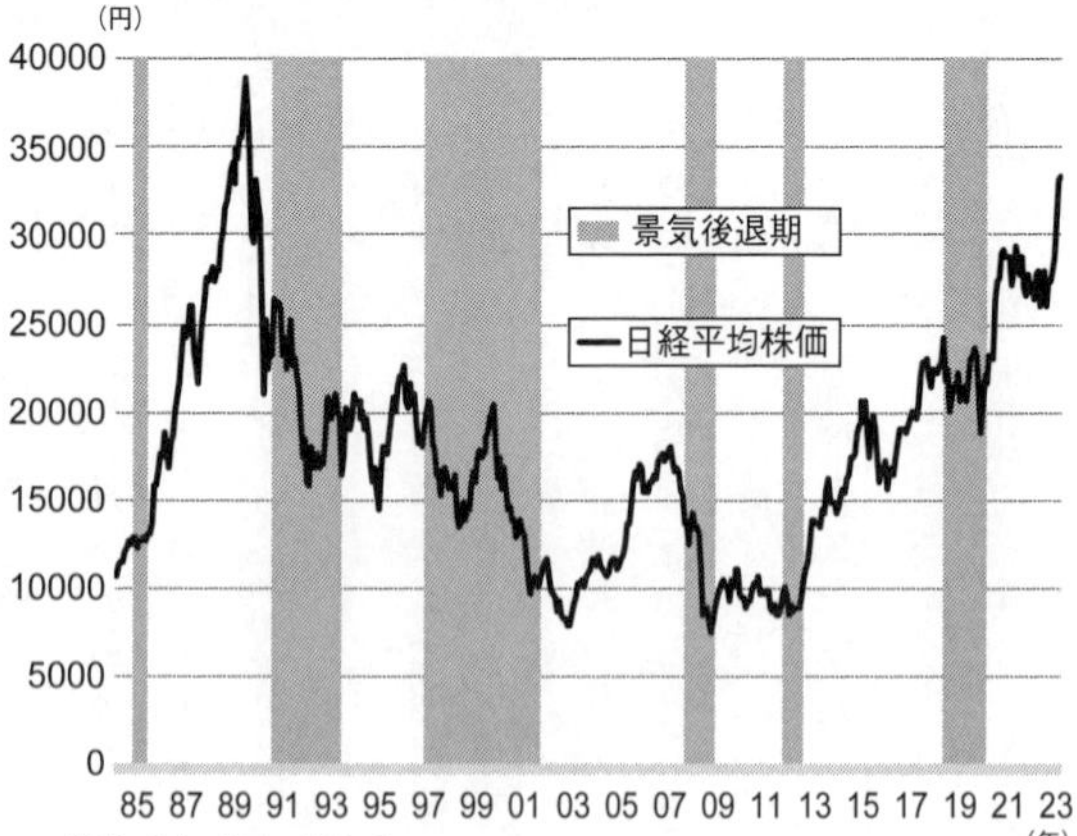

出所：Yahoo! ファイナンス

で上昇局面を迎えている。今後、これが、景気再拡大の本物のシグナルであるかどうかに注目したい。

大企業・製造業の業況ＤＩが上向きになったことは、細かな経済指標の変化とも微妙に連動している。１つは、財務省「貿易統計」の輸出額である。この貿易動向は、景気の変動を極めて敏感に反映して動く。日銀は毎月、この貿易統計が発表される直後に、データを加工して、実質輸出の動向として、より厳密な変化を抽出している。そこでは、２０２３年１月を大底にして、米国・欧州向けの輸出を中心に輸出数量が底入れしたサインがすでに表れていた。また、経済産業省の「鉱工業生産統計」でも、同じく1月を大底にして、先行きの予測指数で、２０２３年６月にリバウンドが明確になる変化があった。

このタイミングが意外だったのは、ＦＲＢが２０２３年６月の見通しで２０２３年内にまだ2回も利上げを追加すると予告していたからだ。追加利上げは米国経済を冷やすという、強い警戒心が金融市場では渦巻いていた。景気は下向きになってもおかしくはないと身構えていた時期だったからだ。米国の代表的な経済指標であるＩＳＭ製造業指数も下落を続いている。しかし、短観が示すことは、米利上げが最終局面に至っているのに、米国経済が意外に底堅くて、利上げにへこたれないというサインを出しているかもしれない点だ。そういう意味で注目された。

もしも、短観が示すことが、「２０２３年６月から景気再拡大に転じていた」ということになると、それは本当に予想外の変化になる。そして、株価は景気の微妙な変化のタイミングを示すサインだったという理解になる。

バブル期の3万円とは異なっている企業収益

日経平均株価は、2023年のGW前後から急上昇した。これが、一時的なブームで終わるのか、それとも本格的な株価上昇の始まりなのかは、まだわからない。

こうした局面になると、筆者は常に「強気相場は悲観の中で生まれ、懐疑の中で育ち、楽観の中で成熟し、陶酔の中で消えていく」という、投資家ジョン・テンプルトンの言葉を思い出す。株価については、筆者自身の気持ちの中にはまだ懐疑心が残っている。だからこそ、反面教師として、株価は「懐疑の中で育っていく」可能性が十分にあるという見方ができる。

日経平均株価が2023年5月17日に3万円を超えて、過大評価ではないかという声は絶えず存在する。海外投資家に強く依存して、他力本願ではないかという皮肉な意見もよく聞く。早々と「バブルの再来」という声も聞く。筆者はそうした警鐘は真摯に受け止める必要はあるが、もう一方で冷静な分析も必要だと思う。

たとえば、1989年末につけた終値3万8915円という最高値と、最近の株価上昇を比較することはあまり意味はない。まず、225銘柄の構成は何度も入れ替わっている。次に、当時はPER（株価収益率）が平均で60〜70倍と高かった。株式が1株当たりの当期純利益の60〜70倍まで買われる状態だ。これは、企業の期待成長率が現在よりも格段に高かったことを反映していた。

それに対して、2023年6月の日経225銘柄の平均PERは15倍前後で安定している。現在は、バブル期に比べて、企業の期待成長率が著しく低下していることを表している。反面、企業収益は着実に水準が上がっている。PERが大幅に下がって、その代わりに企業収益は大きく膨らんだということだ。

日本企業全体の配当総額に注目すると、財務省「法人企業統計年報」では、2021年度の非金融法人が支払っている配当総額は、約30兆円まで増えた。バブル期の1980年代後半は4兆円台だったから、7倍以上に増えている格好だ。さらに、最近までの配当状況を月次で調べてみると、2023年1〜6月にかけて増加していると推察される。これは、日本取引所グループの統計で、月次の株式（プライム市場＋スタンダード市場）の加重平均利回り×時価総額で、年間換算の配当総額を割り出したものである。２０２３年３月に、東京証券取引所は、ＰＢＲ（株価純資産倍率）が１倍を長期にわたって下回る上場企業（プライムとスタンダード）に対して、それを解消するように、市場価値を高める努力をするように求めた。１倍割れする上場企業には、改善策について開示・実行するように要請したのだ。

この方針に触発されて、配当性向を高めようとする企業がいくらかあった可能性はある。株価上昇は、必ずしも企業収益の増加（あるいは増加期待）だけが支えになっているわけではないという理解もできる。

さて、株価や地価は、「バブル化しつつあるのではないか？」という声を聞く。それに関連して、「プチバブルはごく短期間で弾ける」という意見も多い。私たちは、こうした局面を何度も経験しながら、今回もまた資産価格の急変動について確たることが言いにくい。

仮に、はっきりと結論が出せないとしても、最大公約数として言えることはある。特に、株価上昇に関しては、極端な海外投資家への依存状態にあるということだ。対日株式投資のブームが終われば、株価上昇は推進力を失う。日々の動きであって

【図3-3】外国人投資家の日本株式の売買動向（2023年）

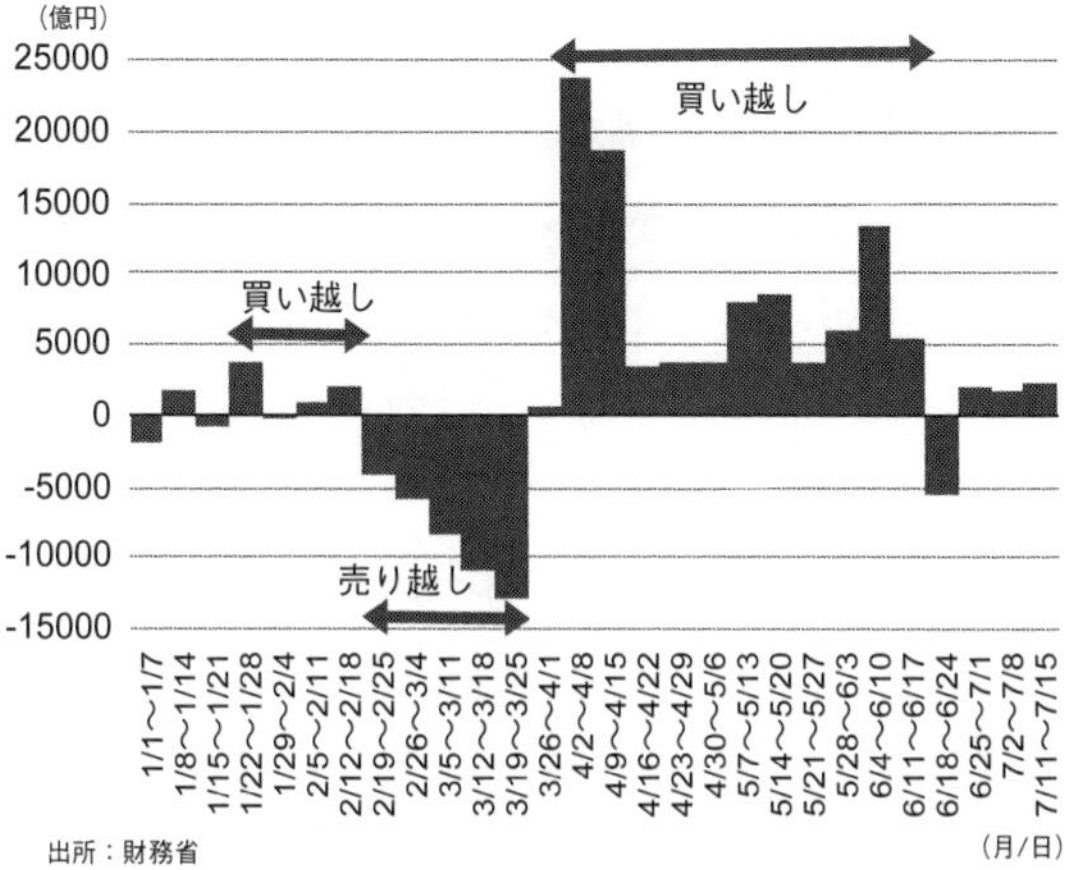

出所：財務省

も、米国市場が休場のときは、日本の株式市場では買い手の力が極端に弱くなる。海外マネーの流入が弱まれば、日本株のバブル論争は自動的に終了する。

財務省の「対外及び対内証券売買契約等の状況」では、海外からの株式投資が2・3月にかけて5週連続で売り越しになった後、3月最終週から6月中旬まで連続の買い越しである（図3－3）。さらに、買い越しはその後も続いている。このところ、海外投資家が株式委託売買額に占める取引割合は7割まで拡大している。

海外マネーの存在感は、そうした売買

シェアの上昇に表れている。長期的に見ると、2020年以降にその売買額は急増している。これは、債券投資でも共通していて、日本の金融市場に流出入するマネーの総量が拡大していることを示している。要するに、海外マネーが主導権を握るかたちで、株価の動向が決まってくるのだ。

株価が高値をつける根拠として、日銀の金融政策が指摘される。日銀のトップが、黒田東彦氏から学者出身の植田和男氏に交代した。植田氏といえば、かつて2000年に利上げに反対したことで知られるハト派である。海外投資家はその就任を大歓迎したという図式になる。この海外マネーが日本の株価3万円の立役者であることは疑いがない。

実は、対日株式投資をよく見ると、2月頃に植田総裁の名前が候補に浮上した頃は、海外投資家は売り越しだった。金利正常化を目指すという方針が強く警戒されたからだ。ところが、4月9日に植田総裁が就任してみると、思った以上にハト派だった。そのために、対日株式投資はそれまでとは逆に買い越しに転じた。ハト派の路線が海外投資家に歓迎されて、対日株式投資が増えて、株価3万円台が実現するという構図だ。その流れは、現在も継続している。

筆者は、金融緩和が株価を3万円台にしたという説明は金融緩和を過大評価しているきらいがあると思う。そのことを、かつて「株価は低金利でバブル化している」といわれたときに使われた議論に沿って見ていきたい。

かつて、超低金利が株価を支えているということが、バブル期の高株価を説明するときに用いられた。そもそも株価は、将来配当の割引価値だとされる（配当割引モデル）。将来にわたって得られる予想配当額の現在価値の流列が、1株の現在価値＝株価とされる古典的モデルである。そのモデルでは、将来の低金利の継続が配当価値を引き上げて、株価を押し上げる。1990年代は、しばしば低金利が未来永劫続くという行き過ぎた期待がバブルを生んだと説明された。これは、将来配当の割引価値が、割引金利が0％に近づき、発散経路に向かうことで生じるという考え方だ。計算式は「配当÷0％（割引金利）＝∞（株価の発散）」というものだ。

しかし、この古典的モデルでは現在の企業行動を説明するのに難点がある。将来配当の増加・拡大は所与ではないからだ。たしかに、企業にとって、将来の収益機会が豊富であり、「資金があれば投資収益をいくらでも増やせる」状態であれば、株価上昇は起こり得る。しかし、日本企業が直面しているのは「金あまり」の問題だ。投資機会が乏しく、いくら割安で資金調達ができても、将来配当を無制限に増やせない。言い換えると、企業が支払利息の負担から解放されても、そこで生じたキャッシュフローを新しい収益機会に向けていきにくい。これは先のPBRが低過ぎるという問題を言い換えたものでもある。

もしも、低金利の継続がバブルを生むというのならば、なぜ、今まで日本が超低金利だったにもかかわらず、日経平均株価3万円台を回復せず、低迷してきたのか。教科書的なモデルでは、その点を説明できない。

次に、金利と配当の関係を長期時系列で見てみよう（図3－4）。これは日本全体のデータを内閣府「国民経済計算」を使って、非金融法人の支払利子と配当がどう推移したかを調べたものだ。バブル期は企業が50兆円を超える支払利子を負担していた。この当時ならば、支払利子がキャッシュフローを制約し、投資機会を制限していたと考えられる。日銀が利下げをすれば、企業は新たな収益機会に投資を振

【図3-4】**非金融法人の支払金利と配当の推移**

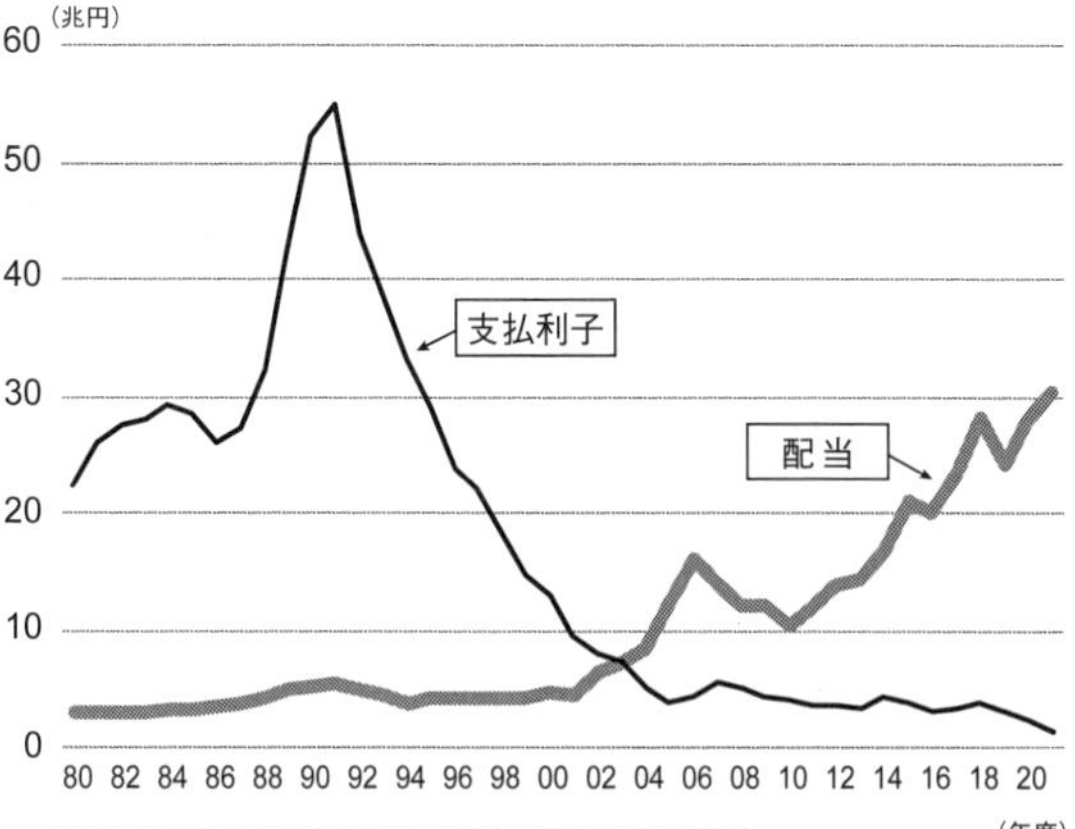

出所：内閣府「国民経済計算」。1980～1993年度は旧基準

り向けて将来配当を増やすというイメージを持てた。しかし、２００４年頃から支払利子はほとんど低下しなくなった。金利負担がキャッシュフローを制約しなくなったと理解できる。

その代わりに配当は増えていく。２０１４年以降、配当は徐々に増加トレンドを描くようになった。これは株価の推移とも重なっている。つまり、２０１４年以降は、金利制約よりも投資機会の制約が問題視されるようになったのだ。「金あまり」とか、ＰＢＲが低過ぎるという問題は、企業が何に投資すれば儲かるかが見えにくいから生じるということだ。

日本企業に働くインフレ効果

日経平均株価が3万円台をつけた背景に、上場企業の収益拡大を先取りしていることがあるといわれる。たしかに、世界経済は欧米中央銀行の利上げによる景気失速懸念が重石になっているが、経済回復の流れが予想外に強く、逆に企業収益はより強靭さを増している。

日本では、内需拡大の機運が感じられる。政府は、5月8日にコロナ分類を2類相当から5類へと見直した。2023年に入って、今まで不振だった飲食・宿泊サービス、娯楽、生活関連サービスが息を吹き返している。さらに、株価上昇による消費刺激が、百貨店販売など高級品の支出拡大へと貢献する動きも加わりそうだ。国内消費は、賃上げやインバウンド消費の増加といった好材料に恵まれている。

もう1つ重要なのは、日本企業の復活が単なる景気回復というだけではなく、インフレ効果を追い風にしていることだ。昔から、「株式投資はインフレのときに連動して株価が上昇するので、インフレ耐性がある運用資産だ」と言われてきた。逆に、日本経済は長いデフレ経済によってすっかり海外投資家からの評価を下げて、世界がインフレ期に移行しても、改めて再評価されることがなかった。その認識が2023年5月前後から変わろうとしているのである。

日本企業にとって、2021年初から徐々に強まってきたインフレ圧力は、まずはコストアップとして実感された。原材料価格の高騰である。2021年初は、まずは銅価格が上がり、木材、鉄鋼、化学などの素材産業の原料が海外市況の高騰によって、コストアップ圧力になってきた。

その状況は、企業の損益計算書上では、①売上原価の増加となる。もしも、このとき、コストアップを製品価格に転嫁できなければ、その企業は利益率が低下してしまう。採算悪化の危機である。だから、企業は価格転嫁を進めて、②売上の増加につながる。2022年度のデータを見ると、①売上原価の増加率は前年比7・1%、②売上の増加率は前年比6・6%であった(図3－5)。一見すると、①>②だから、企業は不採算に陥ってしまうように思える。ところが、粗利(売上総利益)はプラスになっている。粗利は前年比5・2%も増加している。

【図3-5】法人企業の売上・利益・人件費の伸び率

（前年比％、全規模・全産業）

	売上高 A	売上原価 B	粗利 =A-B	人件費 C	人員 D	賃金 =C/D	経常利益
2015年度	▲1.1	▲2.6	3.4	1.2	0.1	1.1	5.6
2016年度	1.7	1.1	3.4	1.8	1.4	0.5	9.9
2017年度	6.1	6.5	4.7	2.3	2.9	▲0.6	11.4
2018年度	▲0.6	▲0.4	▲1.2	1.0	1.8	▲0.7	0.4
2019年度	▲3.5	▲3.7	▲2.9	▲3.0	▲4.2	1.2	▲14.9
2020年度	▲8.1	▲8.6	▲6.6	▲3.4	▲3.4	▲0.0	▲12.0
2021年度	6.3	5.5	8.5	5.7	4.0	1.6	33.5
2022年度	6.6	7.1	5.2	2.2	▲0.2	2.4	8.8

出所：財務省「法人企業統計年報」。2022年度は四半期データを４期累計したもの

このからくりは次のように説明できる。売上原価の増加は、実額のイメージで説明すると、売上100億円（仮設値）に対して、売上原価73億円（＝100億円×売上原価率76・12）×7・1％＝5・4億円になる。つまり、売上の伸び率を5・4％（＝5・4億円÷100億円）以上にすれば、採算はとれる。実際に売上は6・6％伸びている。すると、粗利は5・2％（＝〈6・6－5・4〉÷売上総利益率23・88％）となる（端数調整で少し数字が変わってくる）。

　インフレ効果は、企業に価格転嫁を促して、防衛的な値上げを通じて採算を確

【図3-6】粗利の伸び率の推移

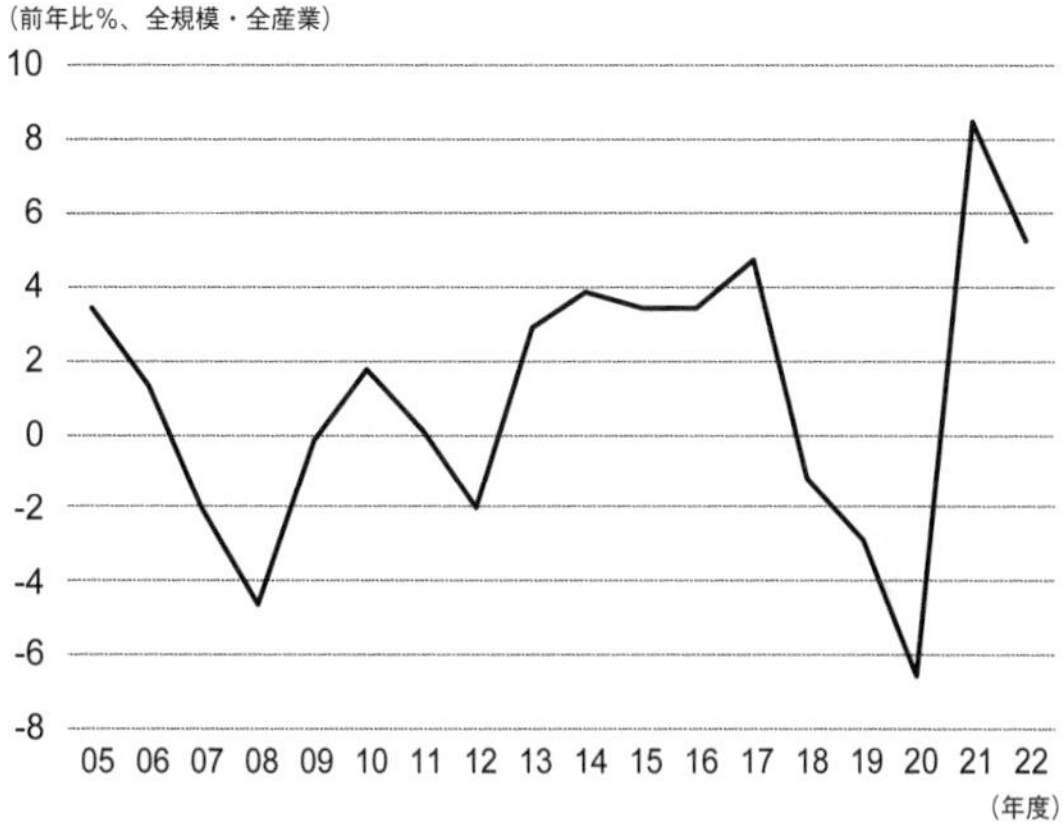

出所：財務省「法人企業統計年報」。2022年度は四半期データを4期累計したもの

保させることにある。重要なのは、増加した粗利の中から人件費（賃金）への分配が行われることである。人件費、減価償却費、支払利息などは固定費と呼ばれる。売上が増えても減ってもかかる費用ということで、固定的にかかる費用だとみなされるからだ。粗利の中から固定費が支払われて、企業の元には経常利益が残る。人件費は固定費の中の約半分を占めている。

２０２２年度は、世の中で賃上げの気運が盛り上がり、２０２３年度は33年ぶりの賃上げが春闘で実現した。この33年ぶりの大幅な賃上げ（連合の最終集計では2・12％のベースアップ率）が実現した理由の1つには、インフレ効果によって粗利率が大幅に伸びたことがある（図3－6）。2021年度は前年比8・5％だったが、それは前年までの反動の側面がある。2022年度は5・2％と水準で見ても大幅な金額増加になった。2023年度の賃上げは、さらにそれを上積みするようになりそうだ。

企業が人件費など固定費を増やそうとするとき、粗利の伸びが高いほど、固定費を増やす余地が増える。2021・2022年度はまさしく粗利が、それぞれ8・5％、5・2％と伸びたから、人件費も5・7％、2・2％と同調して伸びたと考えられる。つまり、インフレ効果は玉突き現象のように、人件費の増加を促した。

なぜ、ここにきて賃上げが実現できるようになったのかと問われれば、それはインフレ効果が財務的に固定費負担を軽くして、粗利の伸びに応じて賃上げができるようになったからなのだろう。

進んでいく収益体質の改善

日本企業の収益回復は、ここにきてのインフレ効果だけではなく、２０１０年代前半の経済正常化の流れで見ていく必要もある。かつて「デフレ経済」と呼ばれた状況は、安倍晋三氏が2度目の首相就任に際して、アベノミクスを掲げたところから転換していった。２０１３年以降の経済は、ゆっくりとデフレ経済からインフレ経済へと舵を切っていった。

そのことを別の角度から見るために、上場企業に相当する大企業（資本金10億円以上）の経常利益について分析していこう。使用するのは、財務省「法人企業統計」のデータである。資本金10億円以上の企業の経常利益（年度データ）を２０１５〜２０２２年度まで調べて、業種別指数を作った。そして、コロナ禍に相当する3年間の経常利益の変化率（２０２２年度÷２０１９年度）のランキングを調べてみた（図３−７）。ここでは、製造業と非製造業の両方の業種を対象としている。

ランキングの上位で目立っているのは製造業だ。首位の鉄鋼、2位の水運業はそれぞれ20・6倍、9・0倍と破格の伸びになっている。

まず、鉄鋼は、２０１９年度の時期は不振であったため、２０２２年度の伸びが

【図3-7】経常利益指数の推移

						b			a	a/b
	業種	2015年度	2016年度	2017年度	2018年度	2019年度	2020年度	2021年度	2022年度	変化率%
1	鉄鋼	100.0	63.9	163.9	130.5	16.7	0.9	328.0	343.6	**20.6倍**
2	水運	100.0	-49.2	142.7	96.8	138.7	156.0	1197.3	1870.7	**13.5倍**
3	情報通信機械製造	100.0	123.4	141.9	268.2	112.2	123.3	290.3	262.6	**134.1**
4	業務用機械製造	100.0	90.8	118.1	108.9	84.5	95.4	151.2	193.4	**128.8**
5	卸売	100.0	144.1	238.1	206.5	157.3	154.1	243.9	359.0	**128.2**
6	輸送用機械製造	100.0	93.8	102.9	100.9	68.9	63.4	90.0	134.7	**95.5**
7	はん用機械製造	100.0	97.9	120.1	140.0	100.2	127.8	149.4	189.6	**89.3**
8	生産用機械製造	100.0	88.0	153.7	195.6	139.7	154.4	201.8	255.2	**82.8**
9	ガス・熱供給・水道	100.0	43.8	56.9	39.4	49.6	44.3	37.0	83.7	**68.9**
10	非鉄金属製造	100.0	114.8	134.7	121.3	116.9	105.3	197.0	195.9	**67.6**
11	繊維	100.0	91.9	111.1	104.4	86.0	59.9	94.9	143.8	**67.3**

注：2015年度の水準を100として指数化し、2019年度から2022年度の変化率でランキング
出所：財務省「法人企業統計」

大きくなった。2019年度は、世界の粗鋼生産の約半分を占めている中国で、鉄鋼生産が活発化して、供給過剰が起きていた。当時、日本の鉄鋼メーカーはそれに巻き込まれた。しかし、2021〜2023年にかけて鉄鋼価格は上昇し、2023年4月は2019年4月比で1・52倍まで値上がりしている（日本銀行「企業物価」）。

2位の水運は、コロナ禍の3年間で海運市況が急上昇したお陰だ。いわゆる海運バブルといわれる恩恵だ。今後は、そのバブルが終焉したことが課題とされている。3位は、情報通信機械である。2

【図3-8】製造業が伸びているのはもっぱら輸出

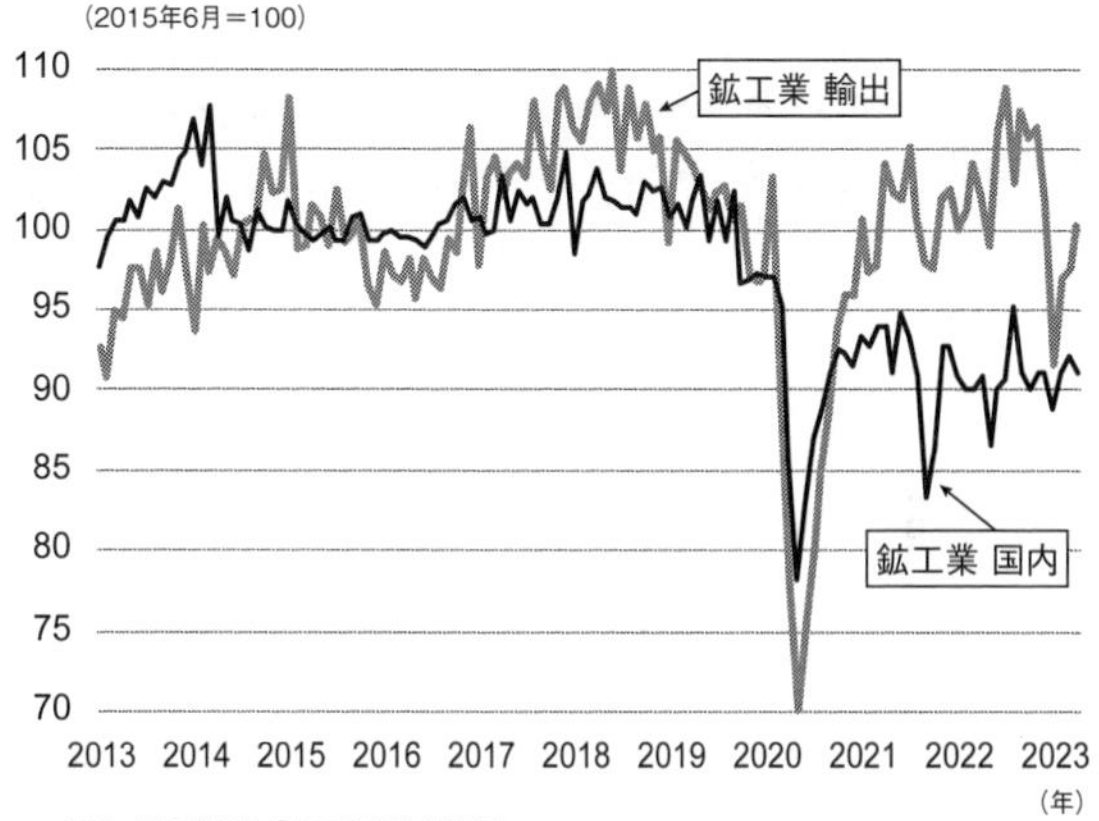

出所：経済産業省「鉱工業出荷内訳表」

020年から半導体需要が急拡大した。日本企業は、必ずしもコロナ禍の半導体ブームの中心には居なかったが、それでも情報通信機械は間接的に大きな利益を享受できていたことがわかる。4位、7位、8位は機械関連である。内外の設備投資需要を反映して、2022年には利益が急拡大している。

こうして見ると、コロナ禍の3年間に世界的なインフレが起こったため、いくつかの業種では製品価格が急上昇し、それを原動力として大きな収益を得ていた。企業にとって、環境変化に適合することがいかに重要なのかがわかる。

なお、指数は2015年度を100にして、2022年度までの推移を記録している。全業種中でこの指数が2015〜2022年度にかけて2番目に伸びたのは、卸売業の359・0である。利益が7年間で3・6倍に増えた。この卸売とは、日本の商社を指す。商社といえば、米国の投資家ウォーレン・バフェット氏が2020年8月に日本の大手5社の商社に投資していることで有名になった。

次に、さらに視点を変えて、日本経済に吹く追い風を輸出面で捉えてみよう。参照するのは、経済産業省「鉱工業出荷内訳表」である。この統計を調べてわかったのは、製造業に関して、ここ数年は国内出荷がほとんど増えておらず、もっぱら輸出の増加寄与が全体の伸びを牽引している図式である（図3－8）。つまり、日本企業はもはや売上全体を国内出荷では増やすことができなくなっており、伸び代は輸出依存になっているということである。

日本企業のグローバル化

企業の収益を考えるとき、筆者を含めてエコノミストは、経済統計を主に使って変化を読み取ろうとする。

しかし、その経済統計には致命的な欠点がある。それは経済統計、特に企業周りのデータについて、ベースになっているのが単体の財務データになっていることだ。日銀短観や法人企業統計も、基本は単体ベースだ。

しかし、日本企業の評価は、連結決算で行われることが多い。株価形成も連結ベースで行われる。私たちは長い習慣に囚《とら》われて、企業行動を単体ベースを前提に評価してしまっている。こうした単体と連結のベースの違いについては、優れたエコノミストたちは十分に知っているのだが、それを言っても仕方がないので、黙って不都合な単体ベースで我慢している。それは、まるで「裸の王様」と同じような状態なのだ。

実は今、その違いはもはや、目をつぶっていると致命的だと言えるほど大きな食い違いになってきている。コロナ禍の3年間で、連結ベースの収益が大きく増えたと考えられるからだ。

特に、この時期の海外事業の金額は、インフレが急激に起こったせいで名目金額が膨らんだ。それを象徴するのは、直接投資収益が急増していることだ（四半期ベース）。

財務省「国際収支統計」の所得収支の内訳には、直接投資収益がコロナ前は年間換算で11兆円レベルだったのが、最近は2倍以上の23・4兆円（2022年度）にまで膨らんでいる。この直接投資収益は、日本企業の海外子会社が得た利益である。海外事業の収益を色濃く反映したものと理解できる。

その23・4兆円は、法人企業統計年報の2021年度・経常利益83・9兆円に対して28％に相当する。非常に巨大化している。海外で稼いだ収益の存在感は、国内の単体ベースの収益に対して大きくなっている可能性がある（図3－9）。

また、この収益を直接投資残高で割って、直接投資の収益率を計算すると、2022年は9％台にもなっている。これは、日本企業が海外事業が極めて高い収益をもたらしていることを示すものだ。単体の統計数字ばかりを見ていると、日本企業が海外で大きく儲けている事実を見過ごしてしまう可能性がある。国内事業（含む輸出）の稼ぎはあまり冴えなくても、株価はそれを織り込んで上昇する。

【図3-9】単体の企業収益と直接投資収益

出所：財務省「国際収支統計」「法人企業統計」

２０２３年５月になって、株価が上昇したことは、統計データには反映されにくい海外事業収益が貢献した可能性はある。もちろん、国際収支のデータは、円安で円換算値が嵩《かさ》上《あ》げされている面はある。それでも、円ベースの直接投資残高で除した収益率が９％台に高まったことは、為替効果を抜きにしても成り立つはずだ。

　近年の日本企業は、海外事業という「投資機会」を得ることで、連結ベースの企業収益を増加させていることがわかる。このことが直接的に、日本企業の収益力が株価３万円台を正当化することには直結はしないが、「それなりの実力がある」ことを裏付けているとは言える。

先に、日本の経済統計は、企業の単体ベースの数字を基本にしていることが問題だと指摘した。しかし、経済統計のすべてが国内だけの企業活動に限定したものであるわけではない。

経済産業省では、例外的に日本企業の海外事業について調べたものがごく少数ある。経済産業省「海外現地法人四半期調査」の売上(ドルベース)のデータである(図3－10)。年度単位では、「海外事業活動基本調査」もある。しかし、年度単位では景気判断に役立てることは不可能なので、実質的に使えるのは「海外現地法人四半期調査」だけだということになる。

興味深いのは、過去、日本から海外への輸出の伸び率よりも、日本企業の海外子会社の売上の伸び率のほうが高くなっていることだ。2015年度以降の売上指数を見ても、海外子会社がより大きく成長していることがわかると思う。日本企業は、輸出よりも現地化によって事業拡大を目指している。

現地法人によって稼ぎ出された収益は、連結決算では日本の本体企業に合算され

【図3-10】日本企業の海外子会社の売上指数の推移

						b			a	a/b
	業種	2015年度	2016年度	2017年度	2018年度	2019年度	2020年度	2021年度	2022年度	変化率%
1	食料品・たばこ	100.0	103.7	104.6	112.2	116.4	116.4	161.6	171.5	**47.3**
2	鉄鋼	100.0	105.2	124.2	146.3	142.6	148.3	209.7	198.6	**39.3**
3	非鉄	100.0	101.4	117.6	119.3	112.4	124.7	159.0	150.4	**33.9**
4	木材・紙パルプ	100.0	95.4	104.9	119.6	116.5	123.9	143.5	145.5	**24.9**
5	金属	100.0	105.4	124.7	135.6	128.4	117.9	151.0	153.7	**19.7**
6	化学	100.0	103.7	112.2	117.0	114.2	112.3	136.2	134.4	**17.6**
7	一般機械	100.0	105.2	118.5	126.3	114.0	111.6	128.6	130.5	**14.4**
8	窯業・土石	100.0	105.6	115.4	122.0	112.5	111.6	126.1	124.4	**10.6**
9	輸送機械	100.0	107.1	115.9	117.3	110.9	102.2	113.0	116.7	**5.2**
10	繊維	100.0	101.6	109.7	119.2	108.4	96.3	115.1	111.3	**2.7**
11	電気機械	100.0	95.9	103.6	92.9	89.7	87.3	94.6	91.8	**2.4**

注：2015年度の水準を100として指数化し、2019年度から2022年度の変化率でランキング
出所：経済産業省「海外現地法人四半期調査」

る。つまり、日本の株価には、そうした海外子会社の収益がカウントされていることになる。大袈裟に言えば、日本国内の業績が低迷して、かつ輸出が伸びずに生産が低調であったとしても、海外子会社の業績に引っ張られて、日経平均株価が上がることは十分に起こり得る。個別企業の連結決算データを見ていると、子会社の収益に牽引されて株価が上昇することは決して珍しいことではない。日本国内の景気と日経平均株価が乖離《かいり》することは、現に起きている可能性がある。

日本企業の連結決算の評価をするのならば、単体ベースを基本にした経済統計

を見るよりも、「海外現地法人四半期調査」のような海外子会社の状況に注目しておくほうがよいかもしれない。

金あまり体質――株価だけではない資産価格上昇

2020年以降の株価は、それまで2万3000円台だったのが、2020年11月に2万6000円台まで水準訂正が起こっている。2023年春は2万7000円台から3万円を超える上昇局面を迎えている。

株価に限らずに、さまざまな資産価格に目を配ってみると、日本では2020年以降は、少し遅れて不動産価格指数も上昇している（図3－11）。国土交通省のデータでは、月次の住宅価格が2020年8月以降に急上昇を始めている。住宅価格は平均すると、この約3年間で20％以上も上がっている。内訳の中で最も顕著なのは、マンション価格の上昇である。地域別には、関東、近畿、九州・沖縄の上昇が目立つ。この時期にタワーマンション・ブームが起きていたと言えばわかりやすいと思う。戸建住宅と住宅地も上昇しているが、そのペースはそれほどでもない。

【図3-11】日本の不動産価格・住宅地の推移

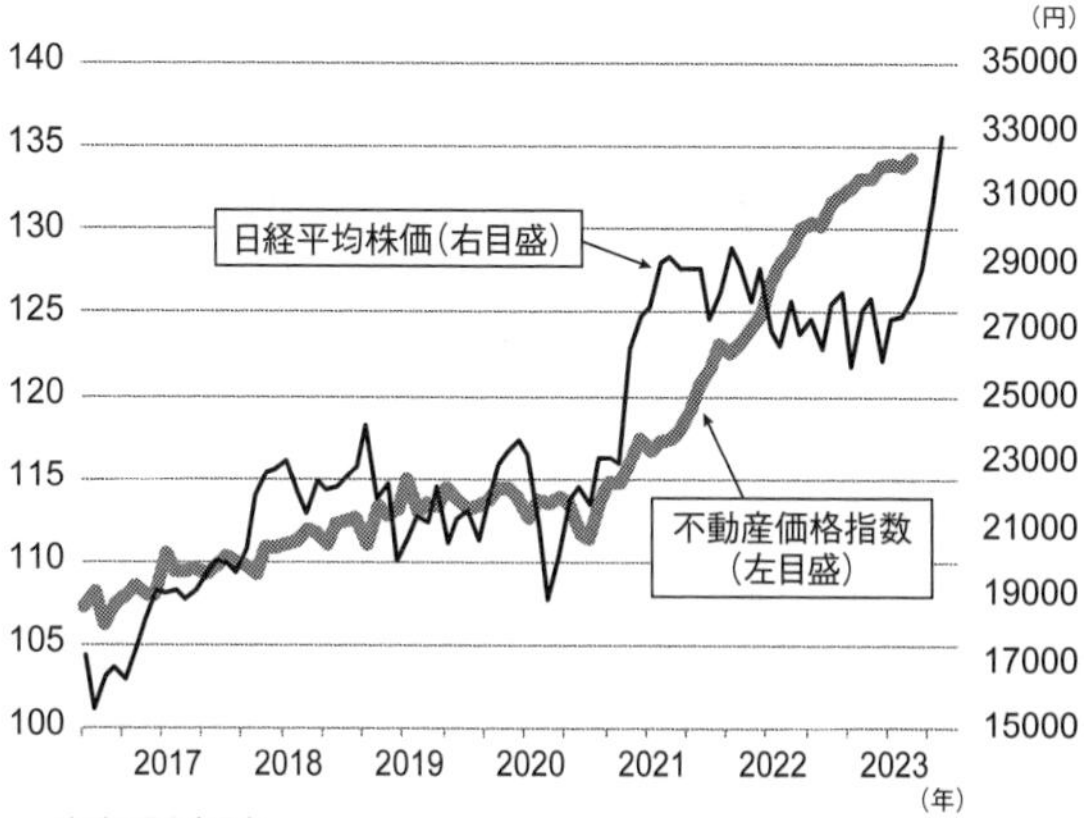

出所：国土交通省

この傾向は、住宅用のみならず、商業用不動産でも起きている。オフィス、店舗、そして賃貸用マンション・アパートといった商業用不動産である。その一方で、工場や倉庫といった用地はあまり価格上昇していない。

不動産価格の上昇を演出しているのは、やはり緩和マネーである。コロナ禍が始まって、民間銀行融資は大きく伸びた。2021年3月末まではゼロゼロ融資(実質無利子・無担保の融資)が伸びて、不動産向けは必ずしも高い伸びではなかった。しかし、2021年4月以降はどんどん不動産向けが伸びて、2023

年前半は前年比6%以上になっている。経済再開といわれる中で、伸びた融資は事業用よりも、不動産絡みのものであった。民間銀行貸出の中で、不動産向けは全体の4分の1(23・8%)を占めるまでに高まっている。不動産向けは担保設定がしやすく、定期収入が入ってくる見通しを立てやすいので、銀行にとって貸しやすい分野となってしまう。

不動産向けの貸出は、長期時系列で見ても、2014年以降に伸びていることがわかった。2014年以降、オフィス・店舗といった商業地の価格を右肩上がりに転じさせ、住宅地ではマンション価格を上昇トレンドに向かわせた。この地価上昇は、不動産向け貸出の増加とほぼ一致して動いている。黒田緩和によって大きく潤ったのは、政府の資金繰りと不動産分野だった。株価だけではなく、不動産価格も上がったという変化からは、余剰マネーがさまざまな資産市場に流れ込んでいることがうかがわれる。やはり金あまり体質が根っこにあるのだ。

しかし、金あまりだから、株価・地価が上がるといえば、ふと疑問が湧いてくる。海外では、2022年以降は金融引き締めをしているではないかという疑問だ。金

【図3-12】ビットコイン価格の推移

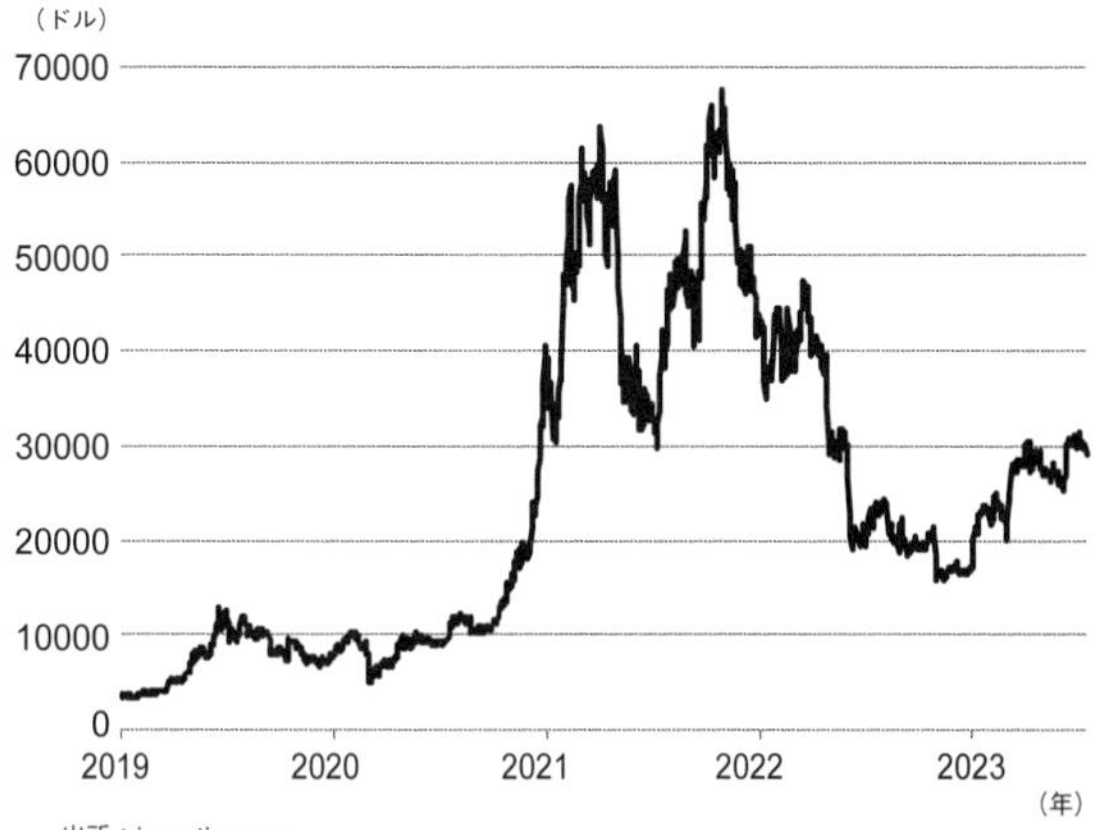

出所：investing.com

融引き締めによって、欧米経済が失速するかもしれないと心配する人がいるのに、日本には海外から余剰マネーが入っているのは、変なストーリーになる。

もっと疑ってかかると、金融引き締めはうまく効いておらず、本当に過剰マネーが抑え込まれているのだろうかという疑問も湧く。いや、コロナ禍での超巨大緩和で過剰マネーの体質が生まれて、その体質は２０２３年になってもそう簡単に変わっていないのではないか。

状況証拠は、金価格やビットコイン価格が上昇してきていることにもある（図３－12）。ドルやユーロの金利がこれほど高くなっているのに、利息がつかない金や暗号資産に投資資金が流れ込むことは奇異に感じられる。金融引き締めの下での「金あまり」について、あえて仮説を立てると、①2020年のコロナ禍での財政・金融政策の総動員がまだ水準としての緩和状態を作っている。また、②2022年のウクライナ侵攻により、それを支援する財政出動が、金融引き締めの効果を減殺している。そのほかには、③米経済好調の中で、投資資金のドル一極集中が起こり、その反動として代替資産である金や暗号資産にも一定の資金が流れる図式になっているという仮説である。

日本株の上昇は、米国株の代替資産となっているという見方は成り立つと思う。金やビットコインは、株式・債券に比べると、相対的に市場規模が小さいので、いくらか資金流入があれば、価格上昇が劇的に起こってしまう。これは、日本株についても言えることだ。世界中で新しい運用機会を狙っている過剰マネーがまださまよっているのだろう。

海外マネーが「安い日本」を買ってくる

年々、日本の資産市場で、海外マネーの存在感が大きくなっている。そこには、海外マネーの膨張とともに円安という要因もある。円安になると、相対的に日本の金融資産は割安になっていく。ドルやユーロ、そして人民元もその価値が増価している。その裏返しとして、日本市場での海外マネーの存在感が大きくなっている。

おそらく、不動産市場でも、同じことが起きている。これは、欧米からのマネーだけではなく、中国マネーをも含んでいると考えられる。都心では、タワーマンションの高層階を中国人が軒並み購入して、自分は住んでいないケースがあると耳にする。転売目的で購入しているのだ。中国人に売られた物件が、中国人同士で売買されて、オーナーが変わっていく。戸建ての住宅でも、販売された数軒のうち多くを中国人が購入していく。購入した後、そこに中国人が住むと「珍しく住んでいらっしゃいます」などと事業者から言われる。

たとえコロナ禍であっても、中国人の存在感は落ちなかったように感じられる。2022年前半から中国本土の住宅価格は下落方向にあるが、投機マネーの一部は日本に上陸して暗躍している。最近でも、中国人は不動産物件を即金で支払うので、日本人が銀行の審査を待っていると、軒並みさらわれると聞く。

本来は、非居住者が日本の不動産を取得することは事務的に繁雑であるはずだ。それにもかかわらず、中国人の取引がこれほど目立つのは、取引を代行するブローカーや、日本の不動産を外国人専用に売却する事業者が相当に多くいるからだろう。その実態はよく知られていない。

中国人の事情を考えると、中国人は本国での住宅価格上昇を資産購買力の源泉にしていると考えられる。国家統計局の住宅価格指数で見ると、2022年以降はマイナスだが、10年前比では1・54倍に上昇している。主要都市別では、もっと著しく上昇している。これが、日本の不動産を購入するときのパワーになっている。

かつて不動産市場では、2020年に予定された東京五輪が終わると暴落するなどという流言が飛びかっていたことを思い出す。そうした噂は完全に外れた。コロナで五輪開催が2021年夏にずれて、その後も、不動産価格は上昇を続けている。

日本と海外の不動産価格の格差は、OECD統計で調べることもできる。国別の住宅価格指数では、2018年から2022年までの変化率を調べると、日本は

【図3-13】中国と米国の住宅価格指数（前年比）の推移

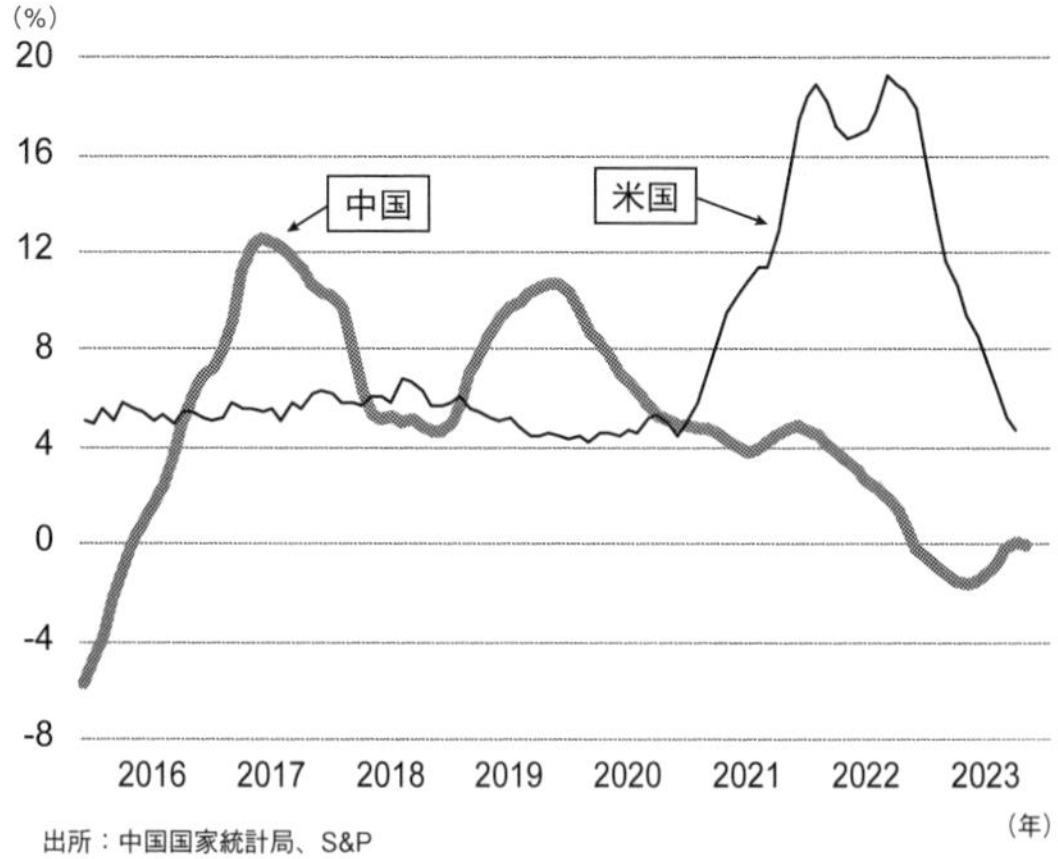

出所：中国国家統計局、S&P

16・9%も上昇していた。しかし、同じ期間で見ると、米国50・9%、カナダ38・0%、ドイツ33・9%、イギリス24・3%、フランス23・7%となっていた。中国の2018年比で見ると、日本との格差は小さいが、2010年比では大きな格差が生じている（日本1・31倍に対して中国1・78倍）。

さて、この不動産価格の上昇は今後も継続するのであろうか。少し懐疑的に見ると、海外では住宅価格はさすがに金融引き締めの影響を受けて、下落してきている。中国は住宅価格はマイナスで、米国のケース・シラー指数もつるべ落としになっている（図３－13）。基本的に、不動産価格の内外価格差の拡大は今後も変わらないと思うが、海外の不動産市場は、まだ波乱含みの展開になっていく可能性はある。

「安い日本」は極まれり

最近、訪日外国人が非常にリッチに見える。都心の高級ホテルに宿泊し、繁華街を闊歩《かっぽ》する。彼らの購買力が旺盛なのは、「安い日本」のせいもある。正確に言えば、海外の人々がリッチになった効果と、円安で日本の物価を安く感じさせている相乗効果である。

円安は、２０２２年3月以降に急激に進んだ。コロナ前の２０１８年初を１００としてドル円レートの指数を作ると、２０２３年6月は78・５（月中平均値）だった（図３－14）。▲21・５％の下落である。為替の変化によって、訪日客の保有する１００ドルは、１２７ドル分に増価している（１００÷０・７８５＝１２７）。

観光庁のデータでは、２０２３年１～3月の訪日消費額は、１人当たり21万１０

【図3-14】日米消費者物価とドル円レートの変化幅

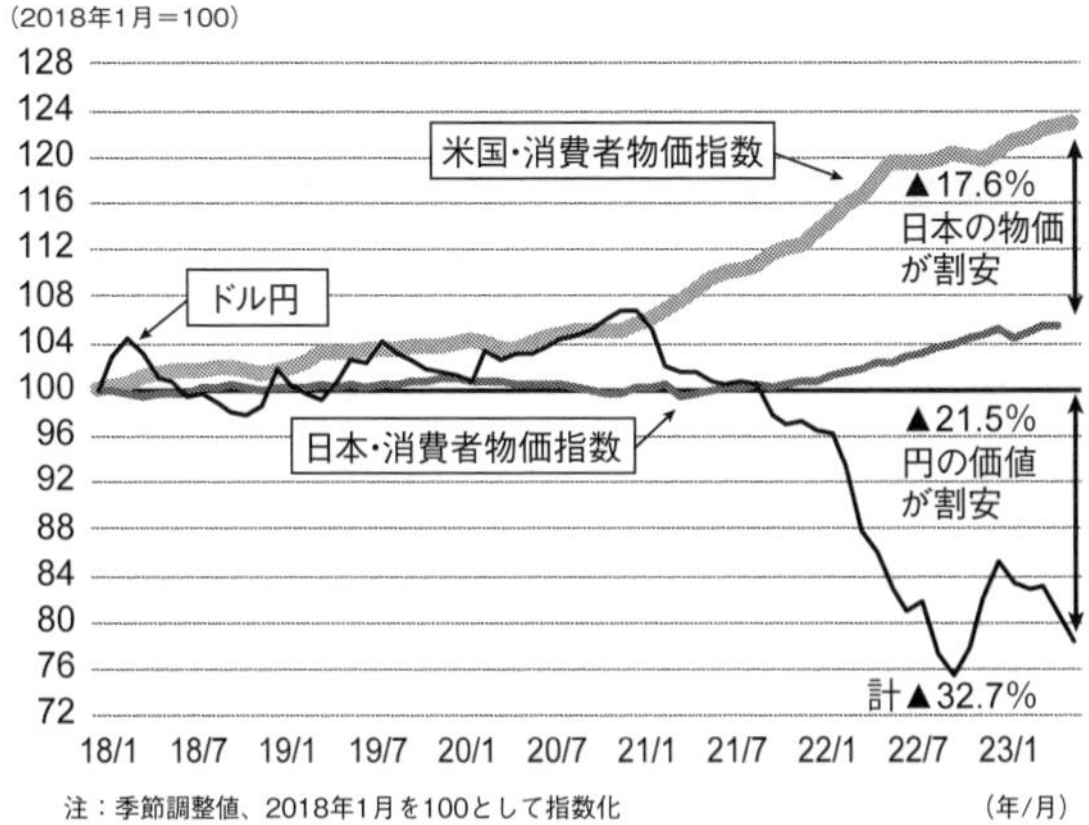

注：季節調整値、2018年1月を100として指数化
出所：総務省、米国労働省

４０円にもなり、この金額は２０１９年平均に比べて43・２%も増加している。その次の２０２３年４~６月の調査では、１人当たり外国人の消費額は20万４５０９円で、２０１９年比32・０%とやはり大きく増えた。この数字は、円安と物価格差を反映したものに見える。

内外物価の格差が具体的にどれくらいかを計算してみた。

まず、米国の消費者物価・総合指数（季節調整値）が２０１８年初を１００として、２０２３年６月は１２３・１まで上がっている。それに対して、同じ期間の日本の消費者物価・総合指数は１０５・

5である。両者の格差は17・6ポイント。物価格差と円安（通貨格差）を合計すると、米国の購買力は日本の1・49倍（＝123・1÷105・5×100÷78・5）にもなる。円価値の下落幅で見れば、▲32・7％減になる（＝100÷1・49－100、端数調整して▲32・7％）。現在、米消費者物価の前年比伸び率は2023年6月に3・0％まで鈍化し、さらに対ドルの円安も頭打ちになっている。だから、ここで計算された日米格差はまさにピークに達しようとしていると理解できる。

ここで計算してみたのは、日米購買力格差である。日米物価とドル円の間の格差を自分で計算したものだ。既成のものでは、日銀の名目実効為替レートがある。これは、円の対ドル価値だけではなく、全通貨で均した円価値である。そして、そこに物価格差を加味したものが、実質実効為替レートである。2018年1月と2023年5月を比較すると、名目実効円レートは▲10・9％減、実質実効円レートは▲19・0％減と、円の対ドル価値の減価率よりは小幅であった。いずれにしろ、コロナ禍の3年間に物価格差・通貨格差が強烈に進み、それが「安い日本」を生んでいるという結論は変わらない。

ほかにも、「安い日本」はさまざまな分野で起こっている。代表的なのは、平均賃金である。OECD統計では、2018年から2022年までの平均賃金の変化率を調べると、日本は0・82%上昇で、米国は7・68%上昇だった。賃金格差は、日米間だけではなく、欧州など他の先進国でも生じている。筆者が、海外現地工場を持っている経営者から聞かされるのは、もはや先進国の賃金だけではなく、アジアの都市部の技術者と比べても、日本のエンジニアの給与水準は低いという話だ。経営者が「人材は宝だ」などと述べておきながら、実際は適切に処遇をしてこなかったことがこの差を生み出している。

金価格1万円台接近の意味

不動産以外の資産で高騰しているものには、金がある。田中貴金属の店頭小売価格が一時1グラム＝9946円（2023年8月1日）まで上昇した。あと少しで1万円の大台である（図3－15）。金価格高騰は、コロナ禍から進んできたが、遂にここまで高値になってきたかという印象である。

【図3-15】金価格の推移（円ベース・店頭小売価格）

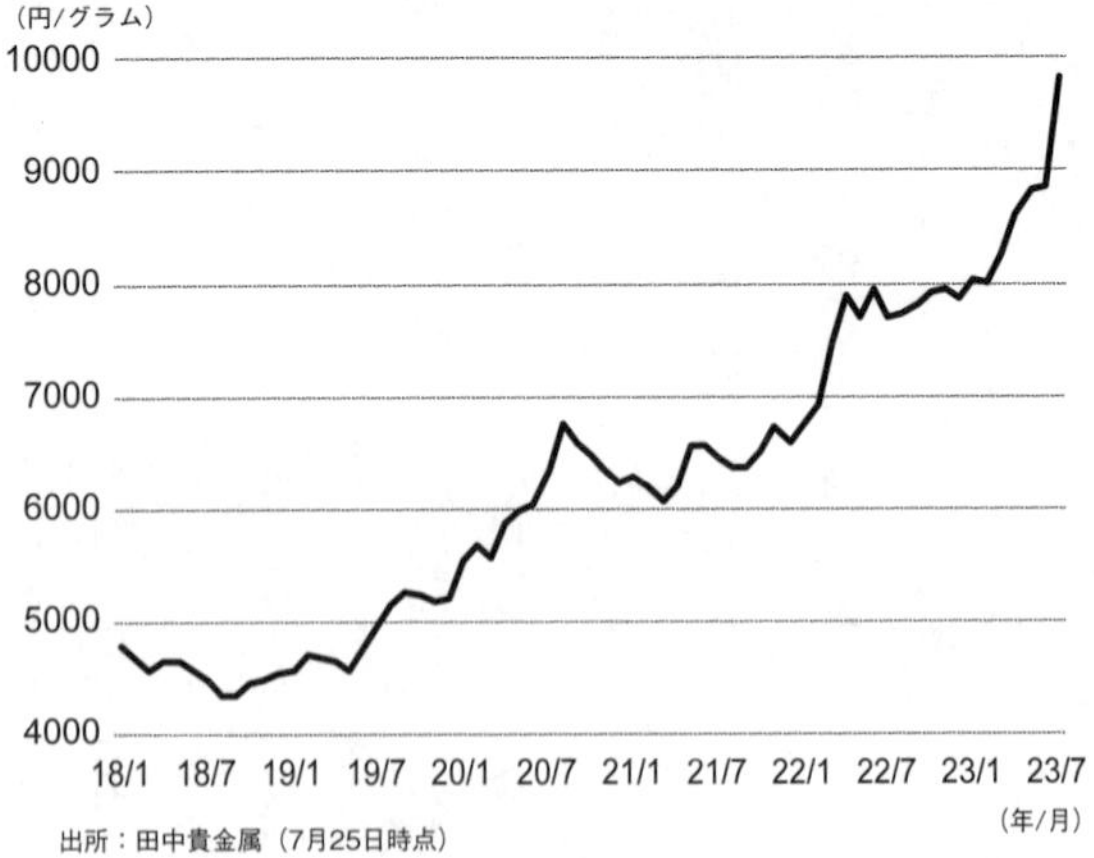

出所：田中貴金属（7月25日時点）

1グラム＝1万円に接近する金価格は、金のドル価格の上昇と、円安の相乗効果として説明できる。2023年6月であれば、金1トロイオンス＝31・1035グラムの価格は平均1942・92ドルだった。1グラム＝62・47ドル（＝1942・92÷31・1035）になる。ドル円レートの月平均は1ドル＝142・27円。1グラム＝8887円という計算になる。この算式からは、金のドル価格上昇と、円安の相乗効果として、1グラム当たりの金価格高騰が起こっていることがわかる。

1グラム＝1万円をどう解釈するのか

は、奥行きが深いテーマである。たとえば、日本が金本位制であれば、これ以上に円価値を下落させないために利上げをしなくてはいけない状態だ。幸い、現代日本は管理通貨制度なので、通貨防衛をする必要はない。利上げをしなくても、日銀が大量の紙幣を刷って、海外産の金塊を買えばよい。反面、副作用として円価値が過剰に割安になり、輸入品が高くなる。

巷間、経済ニュースなどでは、金1グラム＝1万円になると、タンスに保管する装飾用金を換金すればお金を稼げると報じられる。しかし、現実は逆だ。庶民が新しく金塊を買おうとしても高価過ぎて手が出せなくなっている。これは輸入インフレによる苦難なのだ。金価格高騰の一側面は、日銀の金融緩和が極まって、円価値が著しく下落した結果、輸入インフレに陥っている状態と理解すべきだ。

筆者は、金など貴金属市況の専門家ではない。門外漢からすれば、今、なぜ金価格が上がるのか不思議なところがある。ズバリいえば、ドルの政策金利が高金利（5・25～5・50％、2023年7月）であることと矛盾する。金塊を保有しても、利息は得られない。ドルを年間保有すれば、年率5％の利子収入が得られる。金保有は年率5%もの機会損失（＝逸失利益）を被る。本来、金も原油、穀物、ビットコインなども利子がつかないから、機会損失が嫌気されて、価格下落するのではないかと考えてしまう。無利子資産の高値をどう説明するかという問題は、金価格のパラドックスだと言い換えられる。

そのパラドックスに対する解答はいくつかある。代表的なのは、金保有によるインフレヘッジの機能である。インフレだから、資源・穀物・貴金属は値上がりする。特に、金は供給制約がある投資対象だから、インフレ下で価格高騰して、資産価値のインフレヘッジの手段となるとよくいわれる。

また、金といえば、「有事の金」として知られる。2022年2月に勃発したウクライナ侵攻など、地政学リスクが高まると、有事の金として買われる。さらに最近は、ドルも「有事のドル」として買われている。金はそのドルの高値が下落することへのリスクヘッジとして買われるという見方もある。金価格とドル価格＝名目実効ドルの上昇は、短期的には逆相関を描くが、少し期間を長く見れば、ともに価値が上がっている。これは、金とドルに補完関係がある証拠だ。金はたしかに利子がつかない。しかし、ドルが割高になると、そこでドル価格が反落するリスクが高まる。ドルのリスクプレミアム分だけ、無利子の金は機会損失があっても買われると理解される。

ドルリスクが投影されて金価格が上昇すると理解すれば、さまざまなことが説明しやすくなる。たとえばウクライナ侵攻では、米国がロシアをＳＷＩＦＴ（スウィフト）というドル決済の電信ネットワークから締め出した。ドルを国際決済手段に使っている国々にとって、米国の制裁外交のリスクが高まる。この教訓は、台湾有事の場合に、中国が同じようなリスクにさらされるという連想を生んでいると思う。金保有を増やす国々があることは、ドルリスクの裏返しともいえる。ドルリスクが金保有のニーズを高めて、価格上昇しているのだろう。

金は無利子資産であり、ドル保有のリスクプレミアムが大きくなるほど金保有には相対的な魅力が生じる。ならば、金と同じように、ほとんど利子がつかない通貨円はどういう位置づけになるのだろうか。円も過去約25年間にわたって、利子がほとんどつかない存在だった。もしも、「有事の円」が成り立つのならば、ウクライナ侵攻では円高になったはずだ。しかし、そうはならず、むしろ大幅な円安になった。日本経済は有事に弱いと見られているのだろう。仮に台湾有事になれば、日本経済のダメージは計り知れない。円はインフレヘッジに向かない通貨だ。経済危機になると、日本政府は財政出動で急場を凌《しの》ごうとするから、供給量も拡大しやすい。この点でも、円は有事に極端に弱い印象だ。「有事の金」とは対照的な資産だ。だから、円ベースの金価格は上昇するのだろう。

では、すべての円資産がインフレに脆弱《ぜいじゃく》なのだろうか。円資産を持つ限り、日本国内の投資家は資産防衛に不利な立場に置かれるのだろうか。筆者の考え方では、例外があると見ている。それは、海外事業を営む日本企業の株式だ。定期的にドルを稼ぐ日本企業の株式には一定のインフレヘッジの機能があると考えられる。

海外に現地法人などを持ち、事業を展開する日本企業は、海外事業では、積極的に価格転嫁を進めていて、かつ、世界中でドルなど外貨を獲得できる能力を持っている。生産・販売先を世界中に有していることは、特定地域の紛争に巻き込まれることはあっても、事業をシフトさせて個別国のリスクを分散させることができる。

インフレや地政学リスクにも相対的に強いと見られる。だから、日本株は例外的な性格があるといえる。

円安の影響も、日本企業が多くのドル資産を持っていれば、調達コスト高というダメージを受けにくいと考えられる。たとえば、経済産業省「海外事業活動基本調査」によれば、日本企業の海外事業の売上高は、2021年度は約2・7兆ドル（303・2兆円）だ。日本の外貨準備約1・2兆ドル（2023年6月末）よりも大きく、日本の民間企業を含んだ対外純資産の約3・2兆ドルに近い規模だ。経済産業省の統計では、製造業の総売上高に占める現地法人売上は25・8%（2021年度）であり、海外進出企業ベースでは40・7%にも上る。

海外事業を有する日本企業は、そうではない日本企業よりもインフレに強いと考えられる。その結果、海外事業を有する企業の配当にも、抗インフレ効果が見込まれる。円資産の中で、円キャッシュや債券よりも、株式への選好が2021年以降のインフレ下で進んでいたとしてもおかしくはない。

2023年5月以降の株価上昇を考えるとき、インフレ・リスクや地政学リスクに強い投資対象は何かという視点は重要だと考えられる。仮に、金価格の上昇が地政学リスクの高まりを反映していたとして、日本株以外に、相対的に安全性の高い投資対象はあるのだろうか。

最も安全なものは何か

資産運用を長期で考えるとき、最も安全なものは何だろうか。元本保証がある預金だろうか。国家が元利を支払う約束をしている国債だろうか。しかし、それは信用という面での安全性だ。インフレが起こるリスクを考えると、信用リスクだけに注意を払うと、物価上昇率に対しては割り負けてしまう。長期運用の安全性とは、インフレリスクに対処できる運用資産でなくてはいけない。

おそらく、コロナ禍でのインフレリスクは、日本以上に海外のほうが脅威だったと考えられる。欧米では、2022年はインフレ率が劇的に高まった。米国は2022年6月に前年比9・1％、イギリスは2022年10月に前年比11・1％、ドイツは2022年11・12月に前年比8・8％、イタリアは2022年10・11月に前年比11・8％まで高まった。欧米でも、金利水準も賃金上昇率もいずれもインフレ率に割り負けた。実質マイナス幅は日本以上に大きくなった。当然ながら、資産運用に対する関心も高まったと考えられる。それが、資産運用をする世界の投資家のニーズを変化させてきていると考えられる。

はたして、インフレ率に割り負けない運用資産とは何だろうか。金なのか、ビットコインだろうか。普遍的に正しい解答はない。筆者は、大きな括りでいえば、株式投資だと考える。企業がインフレ率に見合うかたちで価格転嫁を進めれば、利益の伸び率も高まっていく。伝統的な株式投資が、インフレヘッジの手段として有効になるという考え方だ。株式は、インフレ耐性がある投資対象である。

さらに、株式の中でインフレ耐性が高い銘柄、セクターは何になるのか。インフレが顕在化したのは、2021年初辺りからだろう。当初は、銅、木材、鉄、小麦など穀物の商品市況が急騰した。今回のインフレは、資源インフレから出発した。しかし、資源インフレは、2022年2月のロシアによるウクライナ侵攻がクライマックスだった。その翌月、2022年3月に米利上げが始まると、多くの商品はそこからピークアウトした。原油（ＷＴＩ）の市況の動きはそれを象徴する。資源関連の株式は、現在でも米利上げによって下落するリスクにさらされている。

日本のインフレを念頭に置くと、その特徴は輸入インフレである。食料品とエネルギーの上昇が牽引役だ。食料品分野は、何度も値上げを繰り返しているので、インフレ耐性がついているといえる。

また、株式には限らずに目を広げると、外貨投資も日本のインフレでは有効な投資対象だ。日本の輸入インフレは、まさしく円安傾向によって助長されているからだ。２０２２年3月からの米利上げでドル投資にはインカムゲインも得られるようになった。ＦＲＢの利上げ局面は、金利水準が天井に行き着いても、そう簡単には大幅な利上げには転じないだろう。２０２３年内、いや２０２４年中も高い金利水準が続きそうだ。

筆者は、長期的視点でドル資産を保有することが、インフレヘッジの手段になると考える。ドル円レートは、２０１２年秋頃が円高のピークになり、その後の10年は趨勢的な円安局面になっている。２０１１年10月の１ドル＝75円は、２０２２年

10月には1ドル＝150円まで約半分に円価値が減価した。こうした長期的な円安は今後も続くと考えられる。

たしかに、日銀の金融緩和の是正はドル円を円高に振らせる要因として要警戒であるが、日本の政策金利（短期金利）が米国の政策金利を上回ることは考えにくい。だから、為替が円高に振れる局面はあったとしても、より長いスパンでは円安基調は続くと見ている。長期的な外貨投資には、円安によるキャピタルゲインと、外貨投資の利回りから得られるインカムゲインの両面からメリットが期待できる。

円安メリットは、国内企業への投資でも得られる。イメージしやすいのは輸出企業への投資だ。しかし、筆者は輸出よりも海外事業でのメリットに注目する。先に見たように、製造業はすでにグローバル化しており、海外事業を多岐に展開している。海外事業は、外貨を定期的に稼ぎ出す収益源であり、そうした資産を持っている企業こそ、事業価値が大きいと見られる。そう表現すると、円安メリットというよりも、グローバル化によって、世界経済の成長力を取り込んで収益拡大する利点を備えていると理解することができる。

ここまで、インフレヘッジを中心に考えてきたが、もう一方で大きな価格変動リスクを負っていることをどう考えるべきだろうか。金やビットコインは、価格変動リスクが大きい代わりにインカムゲインが得られない点で不利だ。だから、配当が期待できる株式のほうがインフレリスクにも価格変動リスクにも対応できる。

ただし、株式も個別株への投資は、価格変動リスクも大きい。だから、種類の異なる株式、あるいはセクターへの投資を組み合わせる分散投資が推奨される。多くの人は、ＥＴＦやインデックス型投資信託によって、価格変動リスクに対処しようとしている。これは、合理的な考え方であるが、幅広く投資資金を分散させるほど、個別の銘柄が得るリターンは得られなくなる欠点はある。分散効果は、個別企業の成長力から得られる恩恵を犠牲にすることは、ある程度仕方がないと割り切る必要がある。

この分散投資で最も重要なのは、時間分散であると筆者は考えている。銘柄分散や、外貨・円資産との組み合わせも大切だが、定期的に投資のタイミングを分けることがより重要と見る。逆に、１時点にすべての投資金額を投じるのは賢明ではないと考える。

政府は、2024年1月からNISAの枠を大幅拡充する。NISAは、長期投資を前提にして、配当などへの課税優遇をする点で、時間分散にも適している。短期の相場変動ばかりを見るのではなく、こうした長期投資の枠組みを利用するほうがよい。

分散投資の話は、あまりに教科書的なので、つまらないと感じるかもしれないが、筆者はこれこそが投資家の知恵だと考えている。成長力を重視しようとするとき、必ず話題になるのはテクノロジーだ。「現代は『新しい産業革命』が進行している」という話は真実味がある。ChatGPTなどの生成AIは注目の的だ。筆者の周囲では誰もが、生成AIはこれから大化けすると思って、勉強している。

しかし、投資の発想からいえば、テクノロジーのブームは少し遠目に見ていたほうがよいと思う。過去、10数年で話題のテクノロジーは次々に浮かんでは消えていった。ビッグデータ、DX、NFTや暗号資産、メタバース、VRやARなどの名前が話題になったのは、ほんの少し前だ。それらの技術は消えたわけではないが、以前ほど話題にならなくなった。生成AIも、いずれ関心が薄れてくるだろう。投資の発想でいえば、話題になっているときはすでに投資の妙味は失われている。話題になる手前から、投資の準備をしておかないと、タイミングとしては遅い。

これは難しい問題で、「これから話題になるテクノロジーを発見する」という課題は、投資の専門家でも至難の業だ。だから、未知なるテクノロジーに投資をする際は、やはり分散投資が重視される。実際、スタートアップ企業に投資するファンドは、投資資金を分けて、種類の異なる新興企業に分散投資している。これは、先見的に何が大化けするかがわからないからだ。つまり、人類には先のことなど正確には読めないのだ、という不可知性がある。それを前提にすると、分散投資に徹したほうがよいという発想になる。人間の能力の限界を知り、うまくリスクコントロールをする手法が、分散投資である。筆者は、これぞ投資の知性だと考えている。

いつまで続くか金融緩和——縛られた日銀

日銀は、いずれ出口戦略に着手すると見られる。その条件は「安定的に物価上昇率が２％を上回ること」だとされているが、すでに日本の消費者物価（除く生鮮食品）の前年比が２％を上回って久しい。２０２２年４月に２％を上回ってから、１年以上が経過している（２０２３年８月時点）。どうして長く２％を上回っているのに、この条件がクリアされないのかは一般人にはよくわからない。

金融政策のマニアの立場から解釈すると、「安定的に」の一語が入っているがために、言葉の意味がまったく違ったものになってしまっている。「物価上昇率が２％を上回る」という条件ならば、すでに日銀は目標をクリアできている。これが、「安定的に物価上昇率が２％を上回る」になると、実質的に「物価上昇率が２％を下回ってはならない」と読み替えられる。もしも、日銀が政策修正を実施して、その後、物価が２％を下回ることになると、日銀は政策修正の責任を追及される。だから、日銀は物価が３～４％になっても、政策修正に自信が持てずに、金融緩和を継続することになる。

では、「物価が２％を割り込むことが絶対にない」状態とはいかなるものなのか。日銀から発信される経済展望の説明には、どうなれば物価が２％を割り込まない状態になるのかはどこにも書かれていない。筆者から見れば、その点が明確にされていないところがマーケットの疑心暗鬼を生んでいると思う。

インフレには2種あることが知られている。コストプッシュ型（コスト起因）とディマンドプル型（需要起因）である。日銀ができることは、我慢強く金融緩和を続けて為替レートが円安水準に定着することを待つことだ。日銀は、帆船のように、海外から吹いてくるドル高＝円安の追い風が定着するのを待って、その力を利用する。海外では、2021年春からインフレの兆候が表れて、2022年3月には米国のFRBが0％だった政策金利を5・25〜5・50％（2023年7月）まで引き上げた。これがドル高円安を生み、現在に至る。この海外発のインフレ圧力に円安が加わって、日本では、それまで動かなかった消費者物価を2021年以降に動くようにさせた。日本の物価は、帆船が追い風を受けるように、外からの作用で上昇し始めた。物価上昇の推進力は、完全なコストプッシュ・インフレである。

2023年春からは、その状況が徐々に変わりつつある。賃金が上がり始めて、需要拡大の圧力によって物価上昇が促されている。ディマンドプル・インフレへの変化である。なぜ、こうした変化が生じるかという理由は、前述の企業財務におけるインフレ効果が働いたからだ。

厳密に考えると、賃金が増えるだけでは、ディマンドプル・インフレは進まない。賃上げによって所得が増えた家計が、消費を増やして、需給が逼迫《ひっぱく》するまでに至らなくてはいけない。多くの家計は、先行きに不安があると、消費よりも貯蓄を増やす傾向がある。家計の中では、高所得者よりも低所得者のほうが低い貯蓄率になっていることが知られている。だから、賃上げの対象は高所得者だけでなく、低所得者まで広がることが期待される。正社員だけでなく、パート・アルバイトまで裾野が広がっていくことが必要だ。

帆船の例を使うと、植田総裁は今の消費者物価の上昇が外からの風に依存したコストプッシュ・インフレであることを熟知している。追い風が止まれば、船も止まると考えている。だから、日銀は賃上げがもっと加速して、慣性力によって船の前進が止まらないようにと考えている。そのためには、金融緩和の度合いを弱めることなく、我慢に我慢を重ねて、円安環境を持続させようとしている。

2023年春から夏の消費動向は、いくつもの追い風が吹いている。

1つは、コロナからの経済再開である。先に、政府が5月8日にコロナ分類が5類に見直したことには触れた。その前後から、街中ではマスクをつけない人が増えた。消費マインドも改善し、サービス消費は増勢に転じている。サービス業にとって、コストプッシュ圧力は人件費である。来客が増えると、ホテル・飲食店では人員を増やさないと仕事が回らなくなる。最近は、強烈な人手不足になっていて、筆者の耳にも「時給2000円にしても人員が確保できない」という悲鳴が聞こえてくる。ホテルでは、宿泊料などを引き上げてきた。高い人件費をまかなうためにサービス価格を引き上げて対処しようとしている。

2つ目として、このサービス分野に吹く追い風には、インバウンド消費の増加もある。2023年1~6月の訪日客数は、1071万人である。2倍にすると、年間2142万人のペースであり、それを消費額に換算すると4・4兆円にもなる（過去最高は2019年4・8兆円）。このインバウンド消費はまさしく需要超過を生んでいる。国内旅行者向けの全国旅行支援が6月末でおおむねなくなっても、宿泊需要は腰折れしないだろう。

3つ目は、株価上昇の資産効果である。日経平均株価は、2023年5月17日以降に3万円台に移行した。前年対比で見れば、6月中の平均株価は22％も増加している。家計の中で株式を保有している人数は約1500万人だと推定される。2023年3月末の保有額は131兆円だった。当時の株価2万8041円が、仮に3万2000円になったとすれば、個人株式の株式保有額は＋18・5兆円も増えたことになる。計量分析の手法を使って、株価が10％増えたときに個人消費（実質家計最終消費）がどのくらい増えるのかを計算したところ、0・22％であった。この効果は、需要を押し上げることになるだろう。

難しいのは、上向きの材料がいくら存在しても、物価上昇がディマンドプルに移行したと断言できないところだ。景気判断は、機械的には行うことができない。仮に、円安の追い風がなくなって、国内需要が伸び続けられそうであっても、一寸先は闇だ。未来に対する不可知性がある限り、「安定的に物価上昇率が2％を上回る」という条件をクリアしたと判定することは「決断力」の問題になる。

そのハードルを植田総裁は乗り越えられるだろうか。おそらく植田総裁は、慎重派に徹するだろう。誰もが反対しない状況を待ち、かなり遅いくらいのタイミングでしか動かないと思われる。

政策修正はゆっくりと

日本経済がディマンドプル・インフレに移行していけるかどうかの判定はまだ見えにくい。たしかに春闘の結果は大きなものになった。それが労働者全体に波及して、裾野の広い賃金上昇になっていれば、一応の成果とはいえる。1つの試金石は、厚生労働省「毎月勤労統計」のデータである。2023年4月は、前年比0・8％（事業所規模5人以上、一般労働者＋パート労働者）と低調だったが、5月はそれが2・5％へと改善した。6月以降もそうした動きが続くと、春闘の効果が浸透したといえる。賃上げは、夏頃から中小企業の賃金改定が進むといわれる。春の春闘は大企業を中心としたもので、その結果はそれに続く中堅・中小企業の賃上げ交渉に影響していく。

また、6月下旬から7月上旬に夏季賞与が支給される。経団連の調査では、2023年夏は大手企業のボーナスが前年比3・91％の平均妥協額になったとする。これも、賃金上昇を支えていく好材料となっている。

反対に、少し心配なのは物価上昇の中身である。消費者物価の伸びを財とサービスに分けると、輸入物価ではなく、もっぱら国内需要に引っ張られて上昇するのはサービスである。2023年5月のサービス物価は、前年比1・7％とまだ小幅である（財は前年比4・7％）。しかも、サービスの中で高い伸びは、外食サービスの前年比7・1％に限られる。サービス分野の物価上昇に広がりが乏しいことは、ディマンドプル・インフレがまだ弱く、同時に賃金上昇の裾野も限定的な広がりであることを予感させる。

もしも、日銀が近々に政策修正に動くとしても、内需に大きなショックを与えると、ディマンドプル・インフレの芽は消えてしまうだろう。植田総裁はそのことをよく知っているはずだ。

筆者は、日銀が政策修正を試すとしても、長期金利の変動幅の上限を見直すだけでは、景気の実勢にさほど影響はないと見る。株価に対しては、それよりも悪影響は大きいはずだ。それは、為替が円高方向に修正する反応を示すからだ。マーケットは日銀の金融緩和に期待し過ぎている。仮に、10年金利の変動幅の上限を引き上げると、それが日米長期金利差の縮小につながる。ドル買い・円売りの流れを弱める。それが円高を通じて、企業収益に対するショックを生み出す。

こうした政策修正には、メリットもあり、輸入物価の上昇圧力を弱める。消費者物価の中で、財価格の上昇を抑える。特に、食料品・エネルギーといった輸入依存度の高い分野は敏感に円高によって上昇傾向が一服することになりそうだ。家計消費にはプラスもある。

マクロ経済への影響が大きいのは、長期金利の変動幅を動かすよりも、マイナス金利の解除だろう。短期金利のマイナス金利▲0・1%を是正すると、多くの企業の資金調達コストの増加につながる。為替の円高修正も大きいはずだ。

2023年7月の日銀会合では、連結指値オペの発動ラインを0・50%から1・00%へと引き上げる政策修正を行った。長期金利は0・50%~1・00%の範囲で市場実勢に応じて決まるように変わった。

日銀が長期金利の上昇を促してくる理由は、マイナス金利の解除に備えた予行演習の意味もある。企業や家計が徐々に金利上昇圧力に慣れてきて、そのショックの準備をしていくことを狙っている。

そのマイナス金利の解除は、物価目標の達成が条件になる。日銀が「安定的に物価上昇率が2％を上回る」という目標をクリアしたと宣言することになる。そのときは、長期金利上昇のショックは大きくなる可能性がある。マーケットの心理は、短期金利▲0・1％を次に0・1％に引き上げて、さらに0・5％、そして1・0％へと段階的に上昇することを警戒する。そうした利上げの時間軸は、植田総裁の任期5年間をかけても、本当に可能かどうかわからない。それでも、マーケットはマイナス金利解除をかなり先取りして動く可能性がある。

植田総裁は、そうしたショックが1度生じると、過剰に長期金利上昇が起こって、円安から円高への修正幅が大きくなることを心配する。これは、出口戦略のリスクである。出口を求めて、日銀がアクションをとると、マーケットのリアクションがことのほか大きくなって、景気・物価シナリオが狂ってしまう。過剰反応リスクという言い方もできる。それをコントロールするために、植田総裁は「石橋を叩いて渡る」流の慎重な運営に徹するだろう。そして、過剰反応を封じるための布石を打っていくはずだ。

出口戦略はどうなるか？

植田総裁の任期である2023年4月〜2028年4月の5年間に果たすべき最大のミッションは、長期化した金融緩和を終わらせることである。いわゆる出口戦略を完了させることである。

植田総裁が選任されるまでに、2人の日銀総裁候補がいた。ともに日銀副総裁の経験者だ。しかし、その2人とも、次期日銀総裁への就任を最終的に断ったとされる。真相はわからないが、日銀の出口戦略が相当に難しく、その難題に自分が采配を振るうことに難色を示したとされる。たしかに、金融政策の実務を知っている人間ほど、その難しさにたじろぐのは無理からぬことだ。植田総裁が引き受けたことは、これから傷だらけになる覚悟があったからだろう。

何よりも、出口戦略は用意周到に練らなくてはいけない。株価を急落させることなく、万人が納得するようなかたちで景気をソフトランディングさせる必要がある。筆者は、2023年秋にかけて、いよいよその出口戦略への具体的な布石を打ち始めたと見ている。

具体的には、長期金利を動かす準備に入ったことだ。そこでは、説明の仕方を工夫する。長期金利の変動幅引き上げを「金融引き締めの一環」という印象をマーケットに与えないことが大事だ。7月に連続指値オペの発動ラインを1・00％に引き上げたことも、あくまで副作用対策であり、出口戦略とはまったく関係ないと説明する。それ以前、黒田総裁の任期末期になる2022年12月は、+0・50％への上限引き上げのときも副作用対策だと言って押し切った。この副作用対策とは、人為的な金利コントロールによって、イールドカーブの形状が歪《ゆが》んで、日銀は指値オペで大量の長期国債を購入せざるを得なくなることである。本音のところで日銀は、指値オペを極力使いたくないのだ。

長期金利が市場実勢に応じて動く体制に移行したうえで、その先にあるのが短期金利の引き上げである。これは、出口といってもよい。短期金利を▲0・1%から0・1%に引き上げる。当然ながら、そこでは「安定的に物価が2%を上回る」という条件はクリアされる。

筆者は、その出口が宣言されるときには、株価や経済に致命的なショックを与えない配慮を行うと予想している。それは、短期金利の引き上げの後は、長くインターバルをとると宣言して、次の利上げをマーケットに意識させない配慮をするのだろう。ありそうなのは、短期金利のマイナスは金融機関の経営に負担をかけるから、とにかくマイナスだけはよくないという説明に徹することだ。再び副作用対策と同じロジックを使う。

これらの布石は、徐々に金利変動に身体を慣らしていくようなものだ。日銀が出口戦略に着手したと見られると、長期金利の上昇は不可避的に起こる。今までの金融緩和の時間軸が一気に短縮して、長期金利がそれを織り込むことで、長期金利上昇を起こすからだ。

しかし、日銀の出口戦略が見えてきたとき、本来は市場メカニズムに任せておけば、投資家の中から長期国債の買い手が多く現れて、1度大きく跳ね上がった長期金利はその後で大きく低下するはずだ。そうしたサーキットブレーカー＝市場メカニズムの力が、出口戦略をとる際には不可欠だ。

残念ながら、現状では日銀があまりに長くイールドカーブ・コントロールを続けてきたせいで、市場メカニズムそのものが著しく弱体化している。だから、そのメカニズムを復活させるために、日銀は予行演習を行おうとしている。長期金利の変動幅を0・50％～1・00％まで広げて、市場のことは市場に任せようとしている。まさしく、「カエサルのものはカエサルに」と同じで、長期金利の変動はいつまでも日銀が管理するものではない。本来は、市場実勢に戻すことが望ましいという姿に戻す。

植田総裁に交代して、まず取り組むべき課題は、債券市場の正常化ということになる。おそらく、そのプロセスは、物価を巡る情勢を見守りながら、2023年秋から2024年前半にかけて、徐々にやっていくつもりであろう。長期金利の変動幅の上限を引き上げて、その次に、マイナス金利の解除に移っていく。そのタイミングは、早くても2024年4月末以降になると筆者は予想している。

第4章

「先高感」が出てきた日本経済
日経平均は3倍になるか

ハーディ智砂子
（英国在住日本株ファンドマネジャー）

日経平均最高値予想

6万4000円

（2026年までに）

ミクロの視点で日本株を見る

私は英国のエジンバラに在住している。中堅生命保険会社の運用部門に就職してから30年。奇《く》しくも日本のバブルが崩壊してから30年なので、日本株の熱狂の時代は知らない。

この30年の間に日本株は何度か上昇したが、後になって「false dawn（偽の夜明け）」だったというようなことがほとんどだった。ただ、今現在は力強く上昇しており、日経平均株価は過去最高値（１９８９年12月29日の３万８９１５円87銭）の80％ほどまで迫る勢いを見せている。

いったいどこまで上がるのか。過去最高値は遠からず抜き、その後、短期的な上昇・下降は当然繰り返すわけだが、中長期に上昇トレンドに入るのではないかと考えている。日経平均がいつどこまで上昇するかについては、ほかの筆者諸氏が本書でそれぞれのご専門、主にマクロの視点から考察をされるのだと思う。

私は「ポートフォリオ・マネジャー」といって、実際に銘柄選択をする役割を担っている。そのため徹底的にミクロの視点で株を見るので、数量的な仮説を立てて、予想値を導き出すことができないのだが、それではなぜそんなに強気なのか、という説明を試みたい。

ミクロの視点とは何か。ここでは個々の企業に注目するということだ。例えていうなら、マクロの視点がヘリコプターで上空から森全体を見下ろしているのに対して、ミクロの視点とは、その森に分け入って一本一本の樹木を吟味しているイメージである。マクロとミクロは逆方向からのアプローチであるが、別々に存在するものではない。

この例えでいえば、一本一本の木に注目するといっても、その木が生えている森の気候の気温や降水量の変化や生態系の変化など環境要因は当然すべての樹木に影響を及ぼす。だから特定の木の性質や、今後どう成長するかを予想するときには、マクロ要因も当然考慮に入れている。また、1本の樹木が病気になることで、やがて森全体に大きなダメージを引き起こすこともある。だからマクロの専門家も個別の事象を無視はできない。

1つの大企業の業績が産業全体に大きな影響をもたらす。また逆に、森を取り巻く環境が良いからといって、すべての樹木が同じようにすくすく成長することもなく、育たない木もあれば枯れていく木もある。景気の後退期に業績を伸ばす企業もあれば、好景気のときに立ち行かなくなる企業もある。

「海外投資家」と特定する理由

日本株はどういうときに上昇するのか。端的にいうと、海外投資家の中に日本株にポジティブな見方をする人が増えて、買いが売りを上回るようになると上昇し、ネガティブな人が増えると、売りが買いを上回り、下降する。

なぜここで「投資家」ではなく、「海外投資家」と特定するのか。それは、日本株市場の売買取引高の実に70％近くが海外投資家によるものであるからだ。

これは決定的に重要なポイントだ。昨今、日経平均の上昇が見られるのは海外投資家が買いに転じたからだ。この間、日本の個人投資家は売っている。ここで売っているというのは、売りが買いを上回っているという意味だ。では、具体的には誰が、ポジティブ・ネガティブになり、日本株を買うか売るかを決めているのか。

アセットクラス(資産の種類)には株式のほかに、債券、不動産などいろいろあるが、ここでは株式に話を限定する。ファンドの運用をするときにはまずアセットのアロケーション(分配)をする、つまり、資金をどこにどのくらいの比重で割り振るかを決める。私が担当しているファンドは主に日本株に特化したファンドなので、保有銘柄は全部日本株だ。

だから私が担当しているファンドについてはアロケーションを決めるプロセスはない。どの株式に投資するかを決めることがすべてである。しかし、世界中の株式に投資をするファンドの日本株部分を私のチームが担当することもある。この場合でいうと、このファンドの責任者が国別のアロケーションを行っている。

普通こういうファンドでは自国の株式の比率が一番高い。それ以外の国・地域別のアロケーション、つまり米国株、ヨーロッパ株、アジア株、日本株などに資産を割り振り、その範囲内で、具体的にどの株式に投資するかは、各市場専門の担当者が決める。

オーバーウエイトするときの思考

では、アロケーションを担当する人（アセットアロケーター）は何を基準にするのか。標準となる数値より多めに割り振る（オーバーウエイト）、あるいは少なめに割り振る（アンダーウエイト）、という考え方をするのが基本だ。

標準値（ベンチマーク）として使われるのは現在の実際の地域別株式時価総額の比率である。具体的にいうと、2023年5月現在の日本株は世界の株式の6・5％を占めている。ちなみに米国株は60・6％だ。

アセットアロケーターがある国の株式をオーバーウエイトするのは、目先あるいは、投資スタンスによってはもう少し中長期に、この国の企業業績の成長が世界の平均を上回るだろうと考えるときだ。成長には、循環的要因によるものと、構造的要因によるものがある。循環的な要因はマクロのトレンドによるものであるのに対して、構造的な要因は企業の中身に関わってくる事柄だ。

たとえば、日本企業が資本コストを意識するようになっている点や、ガバナンス向上に取り組んでいることなどは、中長期的な変化だ。ミクロ視点のポートフォリオ・マネジャーである私は主にこれらに注目して、日本企業はここから長期的に成長する、よって日本株は上がるはずだと考える。ここが私が主に強調したいポイントで、後で詳しく触れていきたい。それに対し、アセットアロケーターの視点は主に循環的要因に当てられている。

最近まで外国人投資家は日本株に非常に悲観的であり、ベンチマークよりずっと低い比率しか保有していなかった。ところがここへ来て、日本株はそれ以外の国・地域の株式との比較感から、そんなに悪くないと考え始めている。だからアロケーションを増やし始めたわけだ。外国人投資家のほとんどが最近まで日本株をかなりアンダーウエイトしていたようなので、彼らが少しずつ増やすだけで株価にとってはかなりのインパクトになる。

こうして資金が日本株市場に流れ込み株価が上がると、当然、世界の中での日本株の比重、つまりベンチマークが上がってくるので、仮に自分の日本株に対する見方は特に変化していないアセットアロケーターであっても、極端なアンダーウエイトにならないようにいくらか買い増しをする必要が生じてくる。これまでの日本株の好調さは、こういうことが起きていたからだといえる。

ここからの上昇は海外投資家がさらに日本株に強気になり、ニュートラルウエイト、さらにはオーバーウエイトとなっていくことで実現される。ここまで、日本の個人投資家はずっと売っていたが、私はここから多くの人が買いに転じるはずだ、と考えている。これについても後述する。

ポートフォリオ・マネジャーはミクロの視点で動く

アセットアロケーターは基本的に、金利動向などマクロ経済の環境や世界の資金の流れなどトップダウンの視点でかなり理論的、数量的アプローチでアロケーションをしている。対して、ポートフォリオ・マネジャーの運用手法はいろいろだ。

昨今は、銘柄選択をしないでポートフォリオを組む、いわゆる「パッシブファンド」が主流になりつつある。パッシブ＝受け身、とは妙な言葉にも聞こえるが、能動的に銘柄選択をするアクティブに対し、ベンチマークとするインデックスに似たポートフォリオがパッシブというわけだ。

アクティブの良さは、市場全体が下がっていても、上がる銘柄を見極めることができれば、儲けることが十分可能だという点だ。長期にわたり日本株が下がり続けた期間に、株価が上がり続けた企業は実は数多くある。主にスモールキャップと呼ばれる小さな企業だ。

だから日経などのインデックスを見ていても全然わからないのだが、その後会社の規模も時価総額も何倍にもなり、今では日経平均採用銘柄になっているというようなものもある。アクティブ運用の要は一つ一つの企業をよく知ることなので、企業との直接対話は欠かせない。これについても後に触れる。

実はアクティブといっても一言では括れない。というのもリスクのとり方はいろいろあるからだ。私などはほぼ純粋にボトムアップ、つまり木の一本一本を見て、これはというものを選ぶスタイルをとっている。ほかに、セクターごとの配分はほぼインデックスからあまり乖離《かいり》せず、セクター内で企業を比較して一番良さそうなものを選ぶという手法もある。

一般的には、マクロをより意識して、金利の変化に応じて金融セクターをオーバーウエイトあるいはアンダーウエイトにする、といったやり方もある。インバウンドが戻ってくるから、小売セクターをオーバーウエイトしようといったやり方もオーソドックスなアプローチだ。

繰り返すが、私はボトムアップ、つまり一つ一つの企業の成長性に注目して投資するかどうか決めている。しかし、マクロ経済や業界環境などを無視しているわけではない。また、社内に私がボトムアップで運用しているポートフォリオを詳しく数量的に分析しているチームがある。意図せぬリスクをとっていないかをチェックするため、毎月送られてくるレポートには必ず細かく目を通している。

英国の投資家は日本が視野に入っていない

資産運用会社のアセットアロケーターはプロの投資家だ。彼らは日本という国や、日本経済、日本企業についてもデータをちゃんと見ているので、何か変化が出てくれば気づくことができる。

一方、海外の個人投資家はそういったデータに触れる機会はほとんどない。だから個人的な印象がすべてだ。米国株ファンド、新興国株ファンド、私の運用している日本株ファンドなどには個人が直接投資できる。昨今ではグローバル・バイオテック・ファンド、グローバル・フィンテック・ファンド、グローバル・ヘルスケア・ファンドなど、グローバルで特定の成長分野の株式に投資するものや、ＥＳＧにフォーカスしたファンドなどが人気だ。

残念ながら、日本株特化型ファンドは、ほとんどが機関投資家の投資で、個人で直接投資する人はあまりいなかった。英国の投資家は日本にネガティブというより、そもそも日本が視野にも入っていないと感じることがある。これは実は個人投資家に限らない。プロの投資家と話していてもそう感じることがある。

ファンドの営業担当で、「人口が減少する日本の経済はもう成長しないことが目に見えているのだから、日本株に投資する意味がない」といった人がいる。これは明らかに間違い。国の経済成長が関係ないとはいわないが、株式投資はつまるところ個別企業への投資である。少子高齢化が進む日本だからこそ成長するというビジネスや企業だってあるし、多くの日本企業にとっての市場は日本国内に限らない。

それにしても、そもそもなぜ日本が視野に入らなくなったのか。それは1つにはこんな理由だ。日本企業はバブル崩壊以降、バランスシートを再建し、事業を再構築していったがその過程で、急速に「B－to－C」から「B－to－B」に変貌していった。B－to－Cとは「Business to Consumer」、つまり一般消費者にモノやサービスを売る仕事のことだ。これに対し、B－to－Bというのは「Business to Business」、つまり企業相手にモノやサービスを売る企業のことだ。1980年代に世界を席捲した日本企業の多くは当時B－to－Cだったが、その後、自動車産業を除き多くがB－to－Bに大転換した。

実は、これらB－to－CからB－to－Bに転換した企業の多くはすでに、過去に株価がピークをつけたときを大幅に上回る利益を出している。しかし、ある程度追いついてきたとはいえ、過去のピークの株価をまだ下回っている企業が多い。

ピカデリーサーカスの交差点から消えた看板

人間は一般に視覚による情報を重要視するといわれている。ビジネスモデルの転換で海外の一般人の視界から日本企業が消えたことは、株にとっては大変なインパクトだった。

英国でもかつては家電店に行くと、日本企業の名前を冠した商品で埋め尽くされていたものだ。それが1990年代から次第に韓国メーカーなどのブランドに置き換わっていった。それは短い間に多くの人の目の前ではっきりと起きた現象だ。

日本企業の製品のテレビコマーシャルや新聞・雑誌の広告などもいつの間にか見なくなった。こんな象徴的なことがあった。ロンドンの繁華街ピカデリーサーカスの交差点だ。ピカデリーサーカスとリージェントストリートの間にあるビルの上部に掲げられたカラフルな大広告。今はLEDパネルになっているが、当時は社名だけ大書きしたシンプルな大看板だった。ここにはかつて日本の家電メーカーの名前ばかりが並んでいた。ソニー、シャープ、サンヨー、パナソニックなどだ。

ピカデリーサーカスはロンドンの観光名所でもある。ロンドンの典型的な絵葉書の1つがこの交差点の光景だ。ここから日本企業の名前が段々と消えていった。

最後まで残っていたのはＴＤＫだが、これも２０１５年にやめることになり、日本企業の名前はすべてなくなった（絵葉書にはしばらくの間残っていたが）。実はこの直後、ＴＤＫのＩＲ（インベスター・リレーションズ）のご担当者に会う機会があったので、これを話題にしてみた。ピカデリーサーカスに長年出していた大広告を取りやめるにあたっては、社内でも議論になったそうだ。しかし、最終的にやめるという決断に至ったのは、単に経費削減というようなことではない。それまでに、ＴＤＫのビジネスはすっかりＢ‐to‐Ｂになっており、一般消費者に向けての広告を打つことに意味がなくなっていたからというのが理由だった。

かつては誰もが知っていたＴＤＫの名前だが、今ではその名を知っている若者は日本でも少ないかもしれない。しかし、この会社はその後も成長を続け、株価も上場来高値を更新中だ。

日本人も日本企業がダメになったと思っている

実は日本企業がダメになったと思っているのは海外の人だけではない。日本人でも同じような印象を持っている人が多いことには驚かされる。日本企業の作ったものは最終製品で目立たなくなったとしても、その製品に使われているデバイス、マテリアル、さらに製造装置などは日本企業の製品であることが多い。

日本のメディアも自国の企業がダメになった印象を国民にわざわざ与えようとしているのかと、ちょっと首をかしげたくなるものもある。ＴＤＫがピカデリーサーカスの広告を取りやめた際、日本のテレビニュースが、これを日本の製造業の凋落《ちょうらく》の象徴として取り上げていた。ピカデリーサーカスで日本人観光客に街頭インタビューをして、「寂しいですね」などといわせている。

日本の産業構造が変化したという話題にすることもできたはずだ。より技術力が問われ、付加価値の高い、価格競争に晒《さら》されにくい分野へのシフトであるという報道の仕方は考慮されなかったのだろうか。あるいは、そういった背景があること自体を知らなかったのか。

日本が競争力をなくし、ダメになったと思われているもののもう1つの代表格は半導体だろう。日本の半導体マーケットシェア自体は１９９０年頃から落ち始め、台湾が圧倒的な存在となっている。しかし、一般には知られにくいが、半導体に使われる素材、また製造装置では日本企業の存在感はいまだに強いのだ。

企業広告の重要性

前述したように、日本企業の名前が視野から消えたことのインパクトは大きく、個人投資家ならずとも、プロの投資家のメンタリティーにも大きな影響を与えた。「知られていない」というのは投資の観点からもやはり不利だ。

先に触れた、グローバルで特定の成長分野に投資するファンドでも保有されている日本株が少ないのは、日本にそういう企業がないからではなく、投資家に「知られていないから」がその大きな理由だと考えられる。これはＩＲの問題であり、それについては後で少し触れたい。

昨今、日本企業の多くが企業広告の重要性に気づき出しているのは心強い。消費者相手のビジネスではないからと広告をしなくなり、会社の名前が一般に知られなくなることは、人材の採用にも大きな影響があるからだ。

余裕がある企業はテレビなどで商品ではなく自社の広告を打っている。また、国内外でスポーツイベントのスポンサーをする、競技場に広告を出すなど、各社知恵を絞っている。印象というのは表面的なことではない。多くの人に自社についてポジティブな印象を持ってもらうことは非常に重要なことだ。

海外投資家にとって日経平均はマイナーな存在

さて、本書のタイトルにもなっている株価についてそろそろ言及したい。ご存じの通り、日経平均株価は大企業中心に225社の株価を使った指数だ。日本には約4000銘柄が上場されているので、日経平均採用銘柄はそのほんの一部である。

意外かもしれないが、海外投資家が日経平均をベンチマークとして使っているケースはほとんどない。日本企業の中でも特に成長著しいという個別のビジネスにフォーカスしている私のようなポートフォリオ・マネジャーにとって、日経平均は実は普段ほとんど意識の中にない。そこで、私がここで数量的な理論を展開して、日経平均がいつ・どこまで上昇するだろうなどという予想をするとしたら、意味がないだけでなく、ミスリーディングだ。

そうはいっても日経平均は1950年9月から始まっており、非常に長期の日本株の推移を見るときには便利であるし、日本でも海外でも、「ニッケイ」は一般に「日本株」という意味で使われているので、日経平均がどこまで上がるか予想し合う、というのは興味深い試みだと考える。私の予想は、主に定性的な理由に基づくので、数量的な裏付けがない予想など意味がないと思う方には参考にならないかもしれないが、冒頭で述べたように、株価が上がるのは、売りたい人より買いたい人が多いときである。

理論値はその株価が割高か割安かを測るガイドラインとしては有用で、すでに過熱状態にある銘柄の高値掴みや、短期的なネガティブニュースに反応してすでに売られ過ぎの水準でのパニック売りなどを避けるのに役立つ。しかし、ここでも理論値という議論の余地のないような確固たる数字があると考えるのは間違いである。そもそも業績の成長率をはじめ、すべてのファクター自体が「予想」でしかないからだ。

先高感が出てきた日本株は今から3倍になる？

私の日経平均の予想はこんなイメージだ。１年以内に過去最高を更新する、３年以内にその2倍になり、10年以内には10万円に届く。現在の水準のおよそ3倍だ。株価指数が何倍にもなるなどというと、なんだかとんでもなく強気予想という印象を受ける方も多いと思うが、そんなことはない。現在の日経平均は、大底をつけた２００９年３月と比べ、すでに4倍以上の水準であるし、１９８９年末にピークをつけるまでの10年の上昇は5倍に達したということを思い出していただきたい。

今、「先高感」がやっと日本に戻りつつあると私は感じている。この30年ほどの間、日本から消えてしまったのは「先高感」なのだ。これがないと活力が生まれない。これは社会でも、経済でも、企業活動でも、また個人の人生設計でも同じだ。

日本経済の高度成長期には、ほとんどの日本人はとても貧しかったが、その頃は昨日より今日、今日より明日が良くなるのが前提で生きていた。貧しい生活でも将来は良くなる、また、自分たちが頑張って良くしていくんだという気持ちが多くの

【図4-1】国内物価と賃金の推移（前年度伸び率）

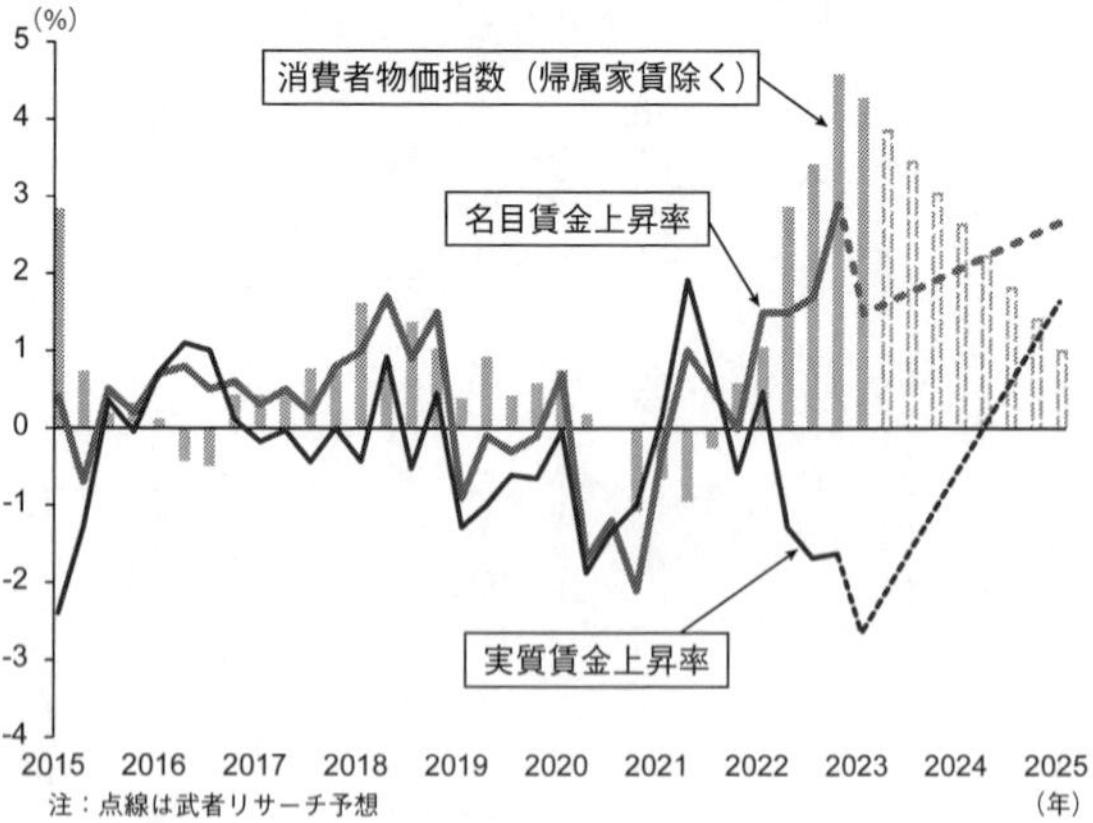

注：点線は武者リサーチ予想

出所：厚生労働省、総務省、武者リサーチ

人にあった時代だ。物価も上がるが、収入も上がる。一生懸命に勉強して良い大学を卒業すれば、給料の良い企業に入社できる可能性は確実に高まった。子供には良い教育を受けさせたいと多くの親が願い、そのための努力を惜しまなかった。

１９７０年代くらいになると、良い大学に行かせるだけがすべてでもなくなり、幼い頃からピアノやお絵描きを習わせるなど、情操教育にも意識がいくようになり、経済力だけではない豊かな人生が送れるように多くの親たちが心を砕くようになっていった。家族旅行などが普通になったのもこの頃ではないか。

1980年代になると、家族旅行で海外に行くことも珍しくなくなった。先高感のある世界では、企業は積極的に投資をする。投資は設備の増強や研究開発だけではなく、人材に関してもそうだ。積極的に人を採用し、将来を嘱望《しょくぼう》される優秀な社員を海外の大学院などに留学させた。この頃は日本の熱量が海外からも感じられたような時代だ。

しかし、その後の30年間は「先高感」などまるでなくなってしまった。それまで絶対に下がらないとなぜか信じられていた地価が暴落を始めた。図4－1のように、物価も上がらない代わりに収入も上がらない。この30年間で、世界の中で日本企業の給与水準だけがずっと同じだったということが起こっていた。

賃金上昇がない世界が問題だと思うワケ

この事実に関して、「でもその間デフレだったので、実質、問題ではなかった」という意見を聞くことがよくあるのだが、私はそれは違うのではないかと考える。

経済用語では「名目」と「実質」ということがあり、実質成長率は名目成長率からインフレ率を引いたものだ。名目、実質という言葉から、「名目は形式的で、実質が本物」といったニュアンスを感じがちだが、体感するのはあくまでも名目のほうだ。デフレ環境なら、5年前と年収が変わっていないのに、5年前よりちょっと豊かになった感じがするなどということはないはずだ。

こういう世界では年収が上がらないことを前提にして将来を考え、なるべく支出は抑えようとするのが普通だ。これは個人のレベルでは健全な態度ではある。企業も同じことで、コスト削減自体は健全な選択だが、成長が期待できなければ人にも設備にも研究開発にも投資をする意欲がなくなり、その企業は成長しない。

また経済も成長できない。子供が生まれなくなり、企業は人材に投資するどころか人員を調整可能にするために非正規雇用の比率がどんどん増えていった。

こうした世の中ではスキルアップしてより良い未来を築こうなどという気持ちになれない。それを「近頃の人は覇気がないね」などといっても始まらないだろう。

人々はゼロ金利でもせっせと貯金をし、先高感のない世界では株式投資をしようという気にもならない。日本の個人の金融資産は着々と増えていったが、その大半

【図4-2】株価と個人資産の推移

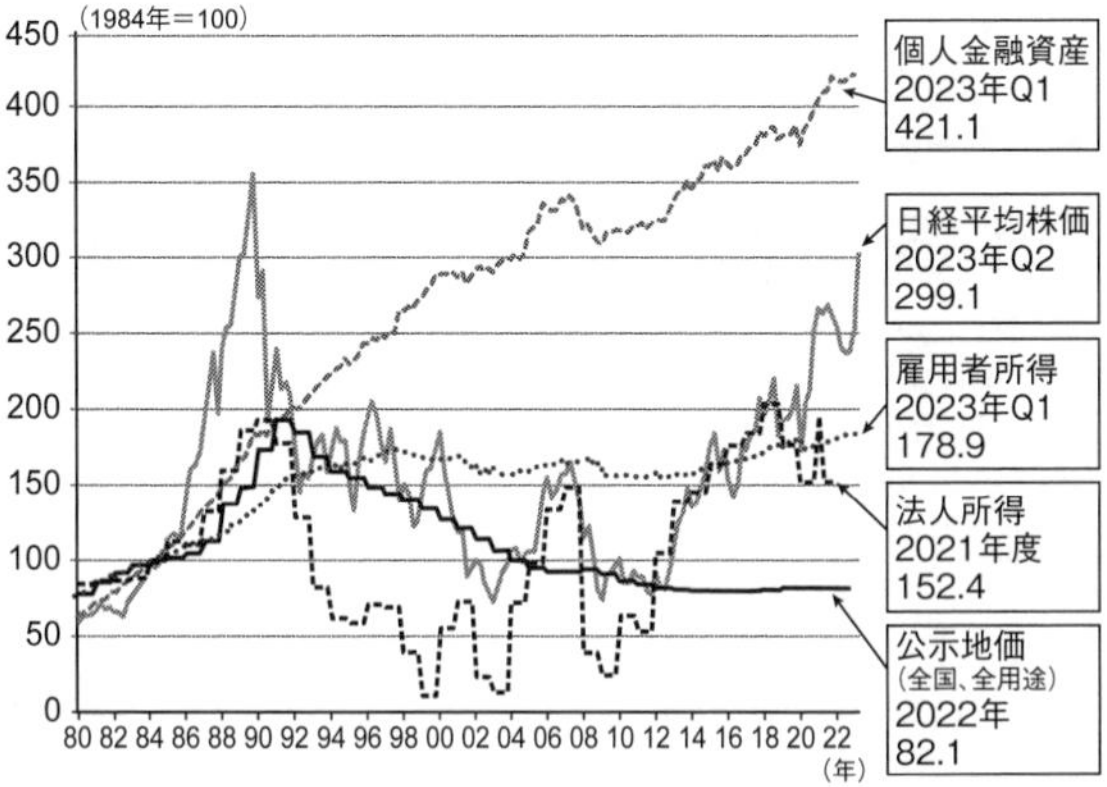

注：個人金融資産のデータは統計の変更により、1997年第4四半期より不連続
出所：日本銀行、国税庁、国土交通省、ブルームバーグ、武者リサーチ

【図4-3】個人資産の内訳の日米比較

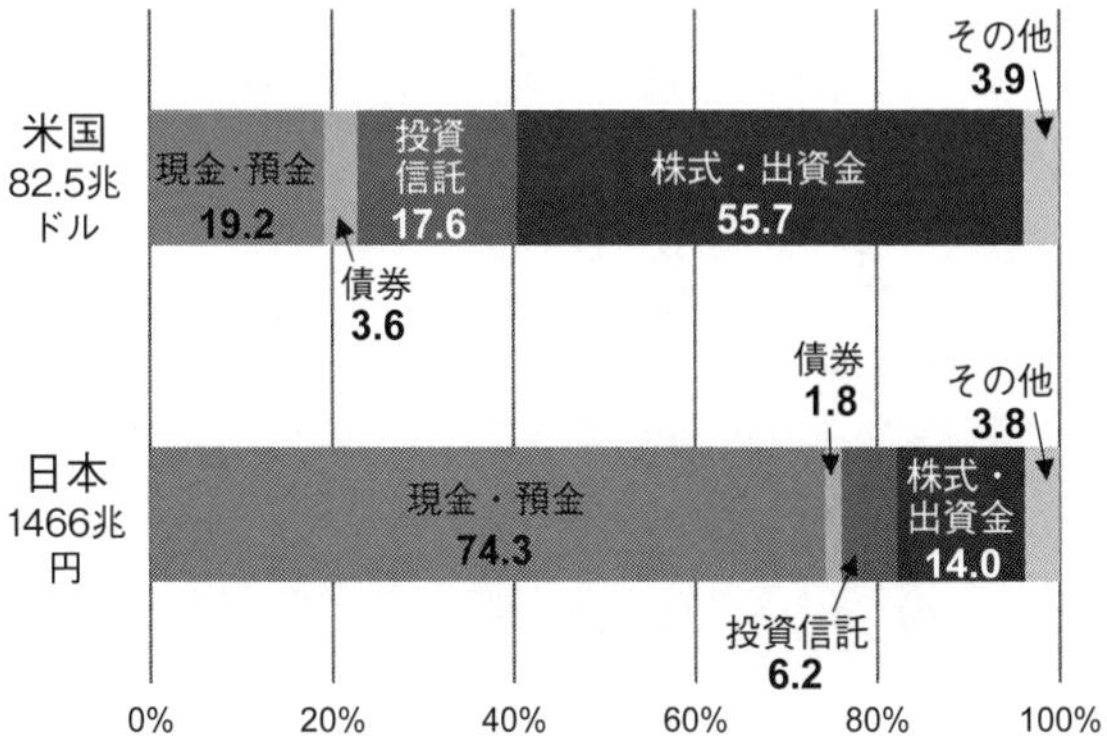

注：2022年3月末現在、保険・年金・定型保証金を除く
出所：日本銀行、武者リサーチ

は貯蓄だ(図4－2、図4－3)。

日本では日本人自身が、「日本は詰んだ」とか「日本はオワコン」などといっている、と聞いて私はとても驚いた。なぜなら私はこれからまた日本が輝く時代が来ると思っていたからだ。コロナ禍を経て、この思いは今や確信に変わった。

構造的な変化——日本企業は本当に変わり始めた

足元の株価の急速な回復は、主に循環的なマクロ要素の好転による海外投資家の日本株への資金シフトだと見ている。私がこれが長期トレンドになっていくのではないかと考えるのは、ミクロの視点から構造的な大きな変化が日本企業に起き始めていることを日々目撃しているからだ。

ボトムアップ・スタイルのポートフォリオ・マネジャーとして仕事の重要な部分は、企業の経営者あるいはIRマネジャーとの対話である。これを毎週数社と行っているので、これまでに直接対話をした企業数は相当な数にのぼる。

もっとも、企業が現在のように1対1の対応をしてくれることが当たり前になったのは2000年頃からだったと思う(さらに、コロナ禍でビデオ会議が普通になったことで、面談の数は圧倒的に増えた)。

この間に日本企業の対応は実に大きく変化した。かつては電話会議などを申し入れても、「IR? あ、ウチはそういうのやっていません」といった上場企業も1社や2社ではなかった。今はそれどころか、企業のほうからミーティングの要請が来るようになっている。

IRミーティングは証券会社やIRコンサルティング会社、リサーチ会社などが仲介するケースが多いのだが、最近の傾向として企業IR部門が直接、投資家にコンタクトしてくることが増えたのだ。「○月○日に第1四半期の決算発表をします。その後、直接お話ししたいので、ご都合の良い日時を知らせてください」というメールが頻繁に届く。情報を積極的に発信しようという機運が高まっている。これは実に大きな、また重要な変化だ。

ミーティングの内容も以前とはかなり変化してきた。以前なら型通りに、あらかじめ用意したプレゼンテーション資料をなぞり、最後に「ご質問は?」というのが多かったが、今は、こちらが決算の数字などをあらかじめ見ていることを前提に、いきなりディスカッションになるケースが多い。

競争はできるだけせず「差別化」へ

かつては自社について絶対にネガティブなことをいってはいけないと思い込んでいる人が多く、何もかもうまくいっているかのような話の後に、「あえてリスクを挙げていただくとすると、どんなポイントでしょうか」と質問すると、「特にございません」などという返事がくることもあった。企業を経営していてリスクが何もないはずがないだろう。

近頃ではこれは様変わりした。こちらから質問する前に、リスクに関して、むしろ企業側から積極的に話題にすることも多く、信頼感につながっている。先日お話しをしたある経営者は、これまで自社がダメだったポイントを1ページにまとめたものを見せてくれた。

そこには「良いものを作れば売れるはず、という勝手な思い込み」、「目標はなんとか頑張れば達成できる、といった根拠のない楽観」などという、わかりやすい表現が並んでいた。また、それに対してどんな意見が社内で出たか、これらをどうやって解決するかについての具体的な行動が示されていた。ＩＲでのこういった率直さは、社内での風通しの良さも感じさせるものだ。

また、ここ数年でマネジメントに関する大きな変化が出てきた。まず、かつては「競争に勝つ」ことが目先の目的になっていることが普通だった。今は「競争はできるだけしない」ということを、日本企業の多くの経営者が口にする。

どういうことか。かつては同じような製品を売る競合相手に対して、新機能や低価格化で勝とうとしたものだが、今やフォーカスは「差別化」となった。他社ではやらないこと、できないことをしていくということだ。容易に真似のできない技術やビジネスモデルを持つことで競争を避け、やみくもに規模を追わず、しっかりと利益を出していく。さらに、差別化が難しく、将来大した利益の成長が期待できないような製品については、たとえ今現在利益が出ていても、撤退という意思決定をする企業も出てきた。経営資源をより価値を生むところに投入していくという考えである。

当たり前のようでもあるが、かつては多くの日本企業が、何年にもわたり赤字を続けていてさえ「撤退」という決定がなかなかできなかった。理由はさまざまあったわけだが、撤退は「負け」という気持ちもあったのだろう。

B‐to‐Bはメンタリティの変化ももたらす

他社ではやらないこと、できないことをする。そのために自社固有の技術を活かしていく。新しい技術をさらに開発していく。新しいサービスの提供。蓄積されたデータを活用しての新たなビジネス——。今、企業との対話の中では、引き込まれるような興味深い話題がほぼ必ず登場する。

それと同時に起きていることが、人事のあり方の変化だ。人事の変革なくして新しい価値は創造されないだろう。

日本企業の多くがB‐to‐CからB‐to‐Bに大きく変貌したと先述したが、これは企業の人事、ひいては社会のメンタリティの変化にもつながってくるのではないか。日本人は横並び意識が強い、いつも「空気」を読み合っている、だからなかなか変わることができない、というようなことは今でも普通に耳にする。また、日本企業には海外にはあまり見られない、「新卒」をまとめて採用する、というスタイルが今でもスタンダードな形として存在する。だから「中途採用」などという、奇妙な言葉が普通に聞かれる。

海外での採用のほとんどは、こういう仕事をしてもらうために、こういうスキル、経験、あるいは資格を持った人を探す、というプロセスを経るので、ターゲットはキャリアの途中であるのが普通だ。採用されたが、どこの支店に配属されて、どんな仕事をするのかわからない、などということはあり得ない。

新卒スタイルは高度成長期には絶大な力を発揮した。規格品を大量に生産し、大々的に宣伝をして、大量に販売するというビジネスモデルでは、それに従事する人材も大量の規格品のようであることが求められていたのではないか。当然、経営トップにはビジョンやリーダーシップという能力が必須だが(この時代はたしかに多くの個性的な経営者が輩出している)、大多数の従業員には指示されたことをきっちり間違えずにこなすことが求められる。従業員がそれぞれ自分の意見を持ったり、違う発想をしたりなどということは、まるで必要がないどころか邪魔だった。日本人は一般に従順で、真面目で、なんでも間違えずにきっちりやることに満足感を覚える人が多いので、このビジネスモデルは俄然うまく機能した。

人事の変革

しかし、このビジネスモデルは今や大きく変化した。それなのに組織のあり方やそこで働く人のメンタリティは長らく変わってこなかった。もちろんこれらは、では今日からこうしましょうといって変えられることではない。これまで年功序列の体制で給与体系も確立していたものを、突然変えることは非常に困難だろう。さらにメンタリティは文化に根ざすものでもあり、変わることは簡単ではない。

スタートアップでは、はじめからそのような組織づくりをしていることが普通だが、今や多くのエスタブリッシュな企業の経営者がこのことを語り始めている。

給与体系などは急激に変えることはできないが、ボーナスでは業績への貢献度に応じて、いくらかの差をつけるなどといい始めている。「いくらかの差」とはその言葉通り、大きな差にはなっていないようだが、それでも今年のボーナスは「何カ月分」というような、よく理解できないような決め方で、全員にそれが適用されるという形はすこしずつ変わってきているようだ。

先高感がないと頑張れないだろうと前述したが、ここでもそういうことを感じる。仕事の能力を磨き、またスキルアップして、より企業が価値を生み出すことへの貢献度が上がることでハッキリと年収が上昇する未来が見えていないのでなければ、何を励みに頑張れるだろうか。金銭的なモチベーションがすべてではもちろんないが、サラリーマンにとって年収アップは重要なインセンティブだ。

これまで「人事権を持つ」というのは、企業の中で絶大な権力を持っている、その人の裁量で社内はどうにでも動かせる、という意味があった。「仕事が出来すぎて支店長から疎まれ、過大なノルマを課せられて潰された」という話がドラマに出てきたことがあったが、実際に似たようなことを聞いたこともある。

人事は権力ではなく、価値を最大化するためのサイエンスになる

ここで余談のようでもあるが、1つ付け加えたい。企業のマネジメントの話になると「欧米は進んでいるが、日本企業はまだまだだ」という話になりがちだが、実際は欧米の企業がうまくいっているとばかりはいえないし、疑問に思うような人事はいくらでもある。日本でもありそうな問題が起きることだっていくらでもある。「空気を読む」などというのも日本特有のことのようにいわれるが、ヨーロッパでもある。日本のはたしかにちょっと極端な感じがするのは事実だが。

これからは、人事は権力ではなく、価値を最大化するためのサイエンスになるはずだ。まず、採用のプロセスは圧倒的に企業にとって重要な仕事になる。

これまでのように、採用してから「さて、この人にはまず何をしてもらいましょうか」などということはなくなるだろう。こういう就職の仕方をする本人たちも、このくらいの規模の企業に就職できればまあ一生安泰だろうなどと思っていたらとんでもないことになる。

「人材」は今や「人財」であり、さらに人的資本と位置づけられる。当然のことながら価値を生むのは「人の能力」だからである。協調性がないと思われないようにみんなと同じ服装で面接に出かけ、そつのない受け答えをして採用になったとしたら、喜んでいる場合ではない。その会社は今後生き残れない可能性が高い。

10年ほどの間に急成長し、今後も力強い成長を続けられそうなある企業の社長との話の中で、「これだけの規模、これだけ多くの部門を持つ企業の社長として、毎日何に多くの時間を割いていらっしゃいますか？」と質問したところ、こんな答えが返ってきた。

「価値を生むのは人。多くのポジションが次々に生まれてくるので、その一つ一つについて、どういう能力、資質を持った人がこのポジションで最大の価値を生むことができるのかを徹底的に考えること、これが一番目。その後、ではそのような能力、資質があるということはどうしたらわかるのか、を考えること」

これは数年前の会話だが、とても新鮮に感じたものだ。それまでは「どういう人材を採りたいですか」などと経営者に質問すると、「地頭の良い人」という答えが結構多かった。このことの意味は今思えば、頭が良いということは大事だが、特定のことに秀でている、ということではなく、汎用性が求められていたことがわかる。やらされれば、なんでもそこそこの水準ではできるという人材を求めていたわけだ。価値の最大化とは程遠い。

潰されてきた「価値を生む能力」が眠っている日本

私が今最も注目しているあるＩＴ企業の話をしたい。この企業の中核的な仕事にはある特殊な能力が必須なのだが、この能力というのが、生来あるかないかという種類のものであり、学歴などとはまったく関係なく、勉強して身につくというものでもないそうだ。

持って生まれた脳の特徴のようなもので、人口の６％ほどの人がそれを持っている、ということがわかっているとのこと。この能力があるかどうかをテストする仕組みをこの企業は自社で開発し、これによる採用活動をしている。

ＩＴ業界の人材不足がいわれるが、この会社が採用するのは、ＩＴ人材にまったく限らないので潤沢に人が採れる。この企業に採用されてこの仕事をするようになると、日本人の平均をかなり上回る年収となる。前職の数倍という人もいる。それまで自分にそのような能力があることすら知らなかった人たちが、大きな価値を生み出している。

これは際立った例だが、日本企業にはこれまで顕在化できていない、あるいはもっというと、潰されてきた「価値を生む能力」が膨大であると考えられる。先述の、能力があるが故に疎まれた、というような極端なケースもあるが、それ以外にも生み出されるはずの価値が顕在化しない、あるいは失われるということが至る所にある。部下に非常に優れた人間がいれば、自分のチームがより価値を生み出せるのであるから喜ぶべきことである。これがそうならない組織というのは人事評価のあり方に大きな問題がありそうだ。

リモートワークで変わる状況

まず働き方についてである。以前から、長時間労働を是正しよう、柔軟な働き方を、などといわれていたがなかなか変わらなかった。過労死などの非常に不幸な出来事をきっかけにして、残業時間に法的な限度が設けられたり、あるいは社内ルールで夜10時にはオフィスを消灯などと決めたりというようなことが起きていたが(私などは逆に今でもそんなに遅くまで働く人たちがいるのかと改めて驚いた)、それでも大きく変わったとはいえない状況だった。そこへコロナ禍である。コロナ自体は大変なことではあったが、これをきっかけに働き方に大変革が起きた。

それまでは、正社員として企業で働くということは多くの人にとって、職務をこなす能力云々以前にさまざまな困難があった。まず、仕事をする場所に毎日毎日出かけて行かなければならない。朝早くに家を出て、夜遅く帰宅する。通勤はほとんどの人は都会では公共交通機関を使う。非常に混雑しているので心身に大変なストレスがかかる。

これだけでも、実は非常に多くの人にとって、正社員として企業で働くことのハードルは高いと容易に理解できる。なんらかの身体障害のある人だと、職務をこなす能力が十分にあっても働けないということになることもある。

たとえば、非常に能力は高いが、高齢その他で歩行が困難な人という人は少なくない。その場合、これまでの働き方だと、職務自体は歩けなくても十分こなせるのに、つまり価値を生み出す能力があるのにもかかわらず、通勤が困難であるために、その価値が生まれないことになる。こうなると、本人にとって残念であるだけではなく、企業にとっても、社会にとっても損失だ。

こういった身体障害以外でも、小さな子供がいるとか、介護が必要な家族がいるとか、誰にでもありうる状況がハンディキャップになって働けないという人が相当数いる。子育てや介護は24時間片時も離れられないなどということは普通はないのだが、それでもやはり企業の正社員として働きながらは難しい、ということが実際に多い。

リモートワークが多くの企業で可能になったことで、こういった状況が大きく変わってくると考えられる。これまで、顕在化しなかった価値が生まれることになる。労働力の不足もある程度緩和されるのではないか。ウィン・ウィンだ。

割安に放置されているのはコミュニケーションが原因か

現在のように日本株全体に海外投資家の関心が戻ってくると、個別の企業についてもっと知りたいと考えるはずである。海外投資家が日本株の比重を上げているから、日本株が上昇している。こういう段階の初期では、名前のよく知られている大企業から買われるのが普通だ。これがだんだんと広がりを見せてくる。企業からの情報発信はとても大切だ。

あえて問題点を挙げておくと、こういうことがある。私は中小型と呼ばれる企業(上場企業なのでそれなりの規模であり、中小企業という意味ではない)を見ているのだが、将来性のあるビジネスがいろいろ育っていて心強く思う一方、気になることがある。海外の投資家と直接対話ができないことが圧倒的に多いのだ。

実はかなりの規模の企業でもそういうことはある。まず知ってもらうこと、その次に投資家と直接対話ができる担当者がいることは強みだ。通訳を使えばいいといわれるが、フォーマルな形でのミーティングではそれで良いが、投資先にちょっと聞いてみたいことがあるときに、直接コンタクトできる担当者がいるのといないのでは大違いなのだ。

これが仮に英語が母国語ではない国ではどこでもそうだというのならまだいいのだが、イギリス人、フランス人の同僚によれば、どうやら日本だけなのだ。私の知っているだけでも、コミュニケーション力のなさで損をしている会社が日本にはたくさんある。ここを強化すると日本株はもっと買われるはずだ。多くの日本企業の株価が割安に放置されているのはこのためだ。

価値を生むことにフォーカスすることが一番大事だが、それだけでは十分ではない。知ってもらう、理解してもらうことが必須だ。昨今では日本企業の多くがこの両方に本気で取り組み始めている。日本株はここから力強く上昇するだろうと私が考える理由だ。

※本章の記述はハーディ智砂子個人の意見であり、アクサ・インベストメント・マネージャーズの見解ではありません。

第5章

日本人の資金が日本株に向かえば株は騰がる

椨井駿介
（証券アナリスト）

日経平均最高値予想

6万円

（2028年末まで）

日経平均33年ぶり高値の背景――今、日本株が上昇しているのはなぜか？

日本株が上昇している。本章の執筆時点で、日経平均株価は3万2000円を超え、バブル崩壊後の最高値水準にある。すなわち、33年間日本人が見ることのなかった高値を記録しているのだ。

日本経済はバブル崩壊後の30年間、「失われた30年」といわれるように低成長に甘んじてきた。かつて世界を席巻した巨大メーカーたちは、ある会社は台湾企業の傘下に入り、ある会社は一時は倒産の危機に瀕していた。

しかしながら、その30年間日本企業もただ衰退してきたわけではない。いや、むしろ全体で見るなら着実に成長を続けてきた。上場企業の経常利益は、この30年間でおよそ3倍に伸びているのである。

ここから導き出される示唆としては、以下の2点が挙げられる。

①バブル期の株価は、利益水準に対して高過ぎた。

②利益から見出される上場企業の「価値」は30年間で向上している。

このような観点で見ると、見え方が大きく変わってくるだろう。そう、株価が低迷していたこの33年間も、日本株の「価値」はたしかに向上してきた。そして株価は、バブルからの下落による適正水準への「回帰」を経て、ついに底を打って適正水準を模索しようとしているのである。

日本の経済再生に向けた期待

これは投資家にとって、明るいニュースになるに違いない。これまで、日本株の投資家はあまりおいしい思いをしてこなかった。そのせいで、個人投資家の頭には「株はずっと上がり続けるものではないから、安いときに買って、高いときに売り抜けるものだ」という考えがこびりついている。

個人投資家の売買動向を観察すると、常に「逆張り」の傾向が見られる。すなわち、株が上昇するとすかさず売却しているのだ。そのタイミングを読むのがうまい人は

【図5-1】ダウ平均株価の長期推移

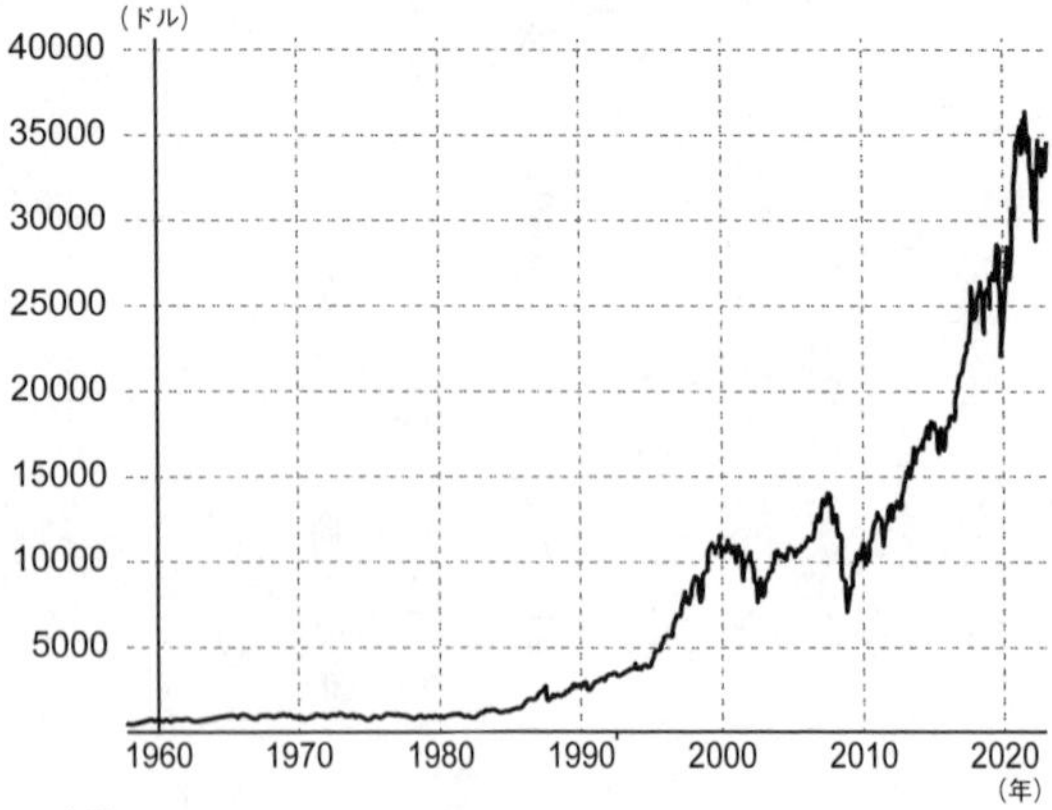

出所：macrotrends

したたかに利益をあげることができたが、そうではない投資家、特に普通の生活人としての一般投資家の多くは、持ち続けているだけでは恩恵を得にくかったのである。

今後も上場企業の利益水準の向上が続き、株価が適正水準に落ち着くならば、何も難しく考えることなく、株価は右肩上がりに上昇を続けるはずだ。そうなれば、毎日株のことばかり考えていなくても、「良い企業」を買って持ち続けているだけで、自然と資産を増やす個人投資家がたくさん生まれるはずである。

これは米国ですでに起きたことでもあ

る。実は米国は、1970~1980年代にかけて「株式の死」と呼ばれ、株価がまったく上昇しない期間があった（図5－1）。しかし、そこから先は、読者の皆様がご存知のとおり右肩上がりの上昇を続けてきた。この背景にあったのは、米国企業の成長はもちろんだが、株式がいつもおよそ「適正水準」で評価されてきたことにある。

この期間に、米国人は自国株を信じて買ってきた。だからこそ米国株は上昇したし、米国人はその恩恵を受けられたのである。次はこれを日本で再現する番ではないだろうか。2000兆円にものぼる個人金融資産が日本株に投資されれば、長期的に安定的な上昇が期待できるに違いない。

日経平均は「2028年に6万円」

日本株が上昇を続けるための条件は、以下の2点である。

①日本企業の業績が長期的に向上すること。

②日本人の資金が日本株に向かうこと。

これらの条件をクリアできた暁には、日経平均株価は2028年に6万円に到達することが十分に可能であると私は考える。これは単なる願望ではなく、現実的な仮定から想定される数値だ。

条件となる数字は、単にGDP成長率などではなく、個別の企業や産業を積み上げる「ボトムアップ・アプローチ」で考えることが重要だ。そのため、本稿では具体的な産業や個別の企業をピックアップしてその可能性を考えてみることにする。

もちろん、個人としての分析であるため、その精密さには限界がある。読者の皆様においては、あくまで「そういう方向性がある」ということでご覧になっていただきたい。

バリュエーションと投資家の視点——指標面で見た日本株

本書のテーマである「日本株はどこまで上がるか?」という問いを考えるときに

有効な指標となりうるのが、ＰＥＲやＰＢＲといった指標だろう。ＰＥＲとは株価を１株当たり利益（ＥＰＳ）で割った数字、ＰＢＲとは株価を１株当たり純資産（ＢＰＳ）で割った数値だ。

２０２３年7月14日時点の日経平均株価は３万２３９１円で、ＰＥＲは14・85倍、ＰＢＲは１・34倍（いずれも加重平均）となっている。２００８年のリーマン・ショック以降、東日本大震災やコロナ・ショックなど異常時を除けば、ＰＥＲは12～18倍程度、ＰＢＲは１・０～１・５倍程度の間で推移してきた。現在はいずれもその中間程度にあり、割安でも割高でもない「適温相場」であることがわかる。

したがって、これを見る限りは、少なくとも今の日本株は「バブル」ではない。この間の日経平均株価は概ね右肩上がりであるが、その背景にあるのが純利益や純資産の成長であることが裏付けられるのである。

かつての高値であったバブル期は、その「裏付け」がなかった。当時のＰＥＲは40～50倍、ＰＢＲは5倍前後だったのだ。これは世界のどの市場と比較しても「異常」な高値だった。すなわち、バブル崩壊後、株価が低迷を続けたのは実体経済の凋落《ちょうらく》以上に、株価が適正水準へ回帰する意味合いが強かったのである。

その「調整」は、多くの方がイメージするよりもずっと長く続いた。1991年のバブル崩壊から2000年前後までの約10年間続いたと思ってもらってよい。その後「小泉劇場」で政治・経済が盛り上がり、ようやく底を打ったと見られたところへ、リーマン・ショックや東日本大震災という不運に襲われた。1991～2012年頃、20年間日本株を見てきた今の大人たちが「日本株は上がらない」というイメージを持っているのも無理からぬ話である。

その流れが一変したのが2013年の「アベノミクス」である。一国の総理大臣が自らセールスマンとなり、ニューヨーク証券取引所で「バイ・マイ・アベノミクス」と日本株を売り込んだ。株価の上昇が始まったのは、その演説が行われた2013年9月より数カ月前だが、第2次安倍政権では発足するなり大規模な金融緩和（いわゆる黒田バズーカ）を行い、極度の円高から円安へ動かした。円安になると日本企業の業績は全体として上向くし、外国人から見ても相対的に割安となった円を買いやすい。そこで一気に海外投資家の資金が日本株に流れたのである。

【図5-2】日経平均とダウ平均の伸び率

出所：Yahoo!ファイナンス

日本企業の利益もそこから再び増加し始めた。円安と東日本大震災からの復興。さらにはコーポレート・ガバナンス改革（いわゆる「伊藤レポート」の発表）などがその背景にある。バリュエーション面では、アベノミクス直前の日経平均株価のPBRが1倍を割り込んでいたことからも、ここが「底」であったことがうかがえる。バリュエーションの底打ちと企業業績の回復。そこに「アベノミクス」が加わり、日本株はついに「正当に」評価される局面がやってきたのだ。

ここでアベノミクス以降の日経平均株価とダウ平均株価を比較してみよう（図

5－2）。意外に思われるかもしれないが、この10年間、両者はほぼ互角の戦いを繰り広げてきた。さらに私自身も驚いたのだが、この期間を20年に伸ばしても結果はほぼ同様だったのである。気になる読者はＹａｈｏｏ！ファイナンスでチャートを比較できるので確認していただきたい。

一時は日本でも米国株ブームで盛り上がったようだが、足元の日本株も決して悪くない。日本人はもっと自国の株価に自信を持ったほうが良いであろう。

少子高齢化でも日本の株価は伸びる？

ただ、そうは言ってもなお日本株に疑念を持つ方も少なくないかも知れない。なぜなら、国レベルでの成長率は、誰が見ても明らかなように米国＞日本だからだ。図5－3は、日本と米国の名目ＧＤＰの推移の比較である。米国のＧＤＰが順調に右肩上がりに伸びているのに対し、日本は１９９５年頃からずっと横ばいでまったく成長する気配が見られない。この事実を知っていると、やはり日本に投資する気にはなかなかなれないかもしれない。

【図5-3】日米名目GDPの推移

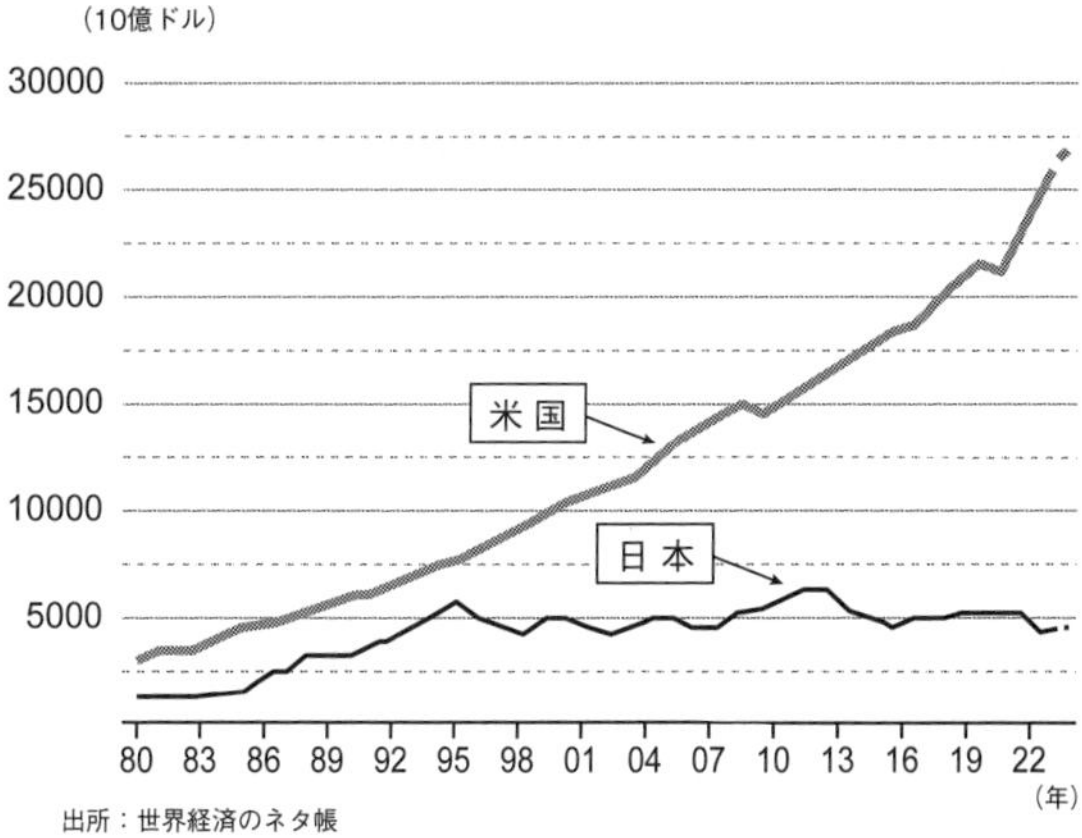

出所：世界経済のネタ帳

それが表れているのが、日米のＰＥＲ水準の違いだろう。ＰＥＲの高低は、一般的に投資家が予測する成長性の高低として表れる。日経平均株価のＰＥＲは14・85倍、対するダウ平均では23・02倍（『ウォール・ストリート・ジャーナル』２０２３年７月18日）と１・５倍もの開きがある。やはり多くの投資家は日本より米国の成長性が高いと評価しているのだ。

おそらく、この傾向は今後も大きく変わらないだろう。なぜなら、一国のＧＤＰを決める大きな要因に人口があるからだ。米国の人口は１９９０年から８００

0万人増加(2・5億人→3・3億人)したのに対し、日本は増えるどころか若干のマイナス(1・2億人)である。米国の人口が増加する最大の要因は移民である。世界各国から移民を受け入れ、自然増を大きく上回り人口増大の最大の要因となっている。他方、日本では移民を積極的に受け入れておらず、今後その姿勢が変わる気配もない。少なくとも人口増加の差が広がる限り、GDPの格差は開き続けると考えるのが自然である。

しかし、ここでもう1つ注意してほしいことがある。それは、GDPと株価指数は必ずしも一致しないということだ。なぜなら、GDPは「一国全体」が生み出した付加価値なのに対し、株価は「企業」が生み出した付加価値に依存するからだ。

読者の皆さんも、不思議に思ったのではないだろうか。この30年間、日本のGDPは横ばいなのに、利益は向上しているのである。すなわち、GDPと企業利益の傾向は、必ずしも一致しないのだ。特に、日経平均に採用されるような大企業ではその傾向が顕著である。

なぜそのようなことが起きるのか。それは、企業の損益計算書を見るとわかりやすい。企業の利益は、売上から費用を引いた残りとして計算される。このうち「費用」において重要な要素を占めるのが、人件費である。この30年間において何が起きたかというと、企業は採用を正規雇用から非正規雇用に切り替えて、人件費の削減を行った。人件費が減少すれば、残った利益は増えるのである。

特に日経平均採用企業で大きな割合を占める製造業において、1990年前後の売上高人件費率は16％前後だったところ、統計が確認できる2015年度までで14％程度に低下している（図5－4）。およそ2ポイントの減少だ。たった2ポイントに見えるかもしれないが、元の営業利益率が4％なら利益額は50％の増加ということになる。人件費が減ることについては議論もあろうが、これがすなわち「生産性の向上」ということである。

GDPに対して企業利益が増えるもう1つの要因は、海外進出である。上場企業の海外売上比率は一貫して上昇を続けている。これは、多くの企業が日本での成長性を懸念し、海外の成長性を取り込もうと努力しているからだ。私が普段多くの企業を見ていても、特に製造業では伸びている企業ほど海外売上高が上昇している。

【図5-4】 売上高人件費比率の推移

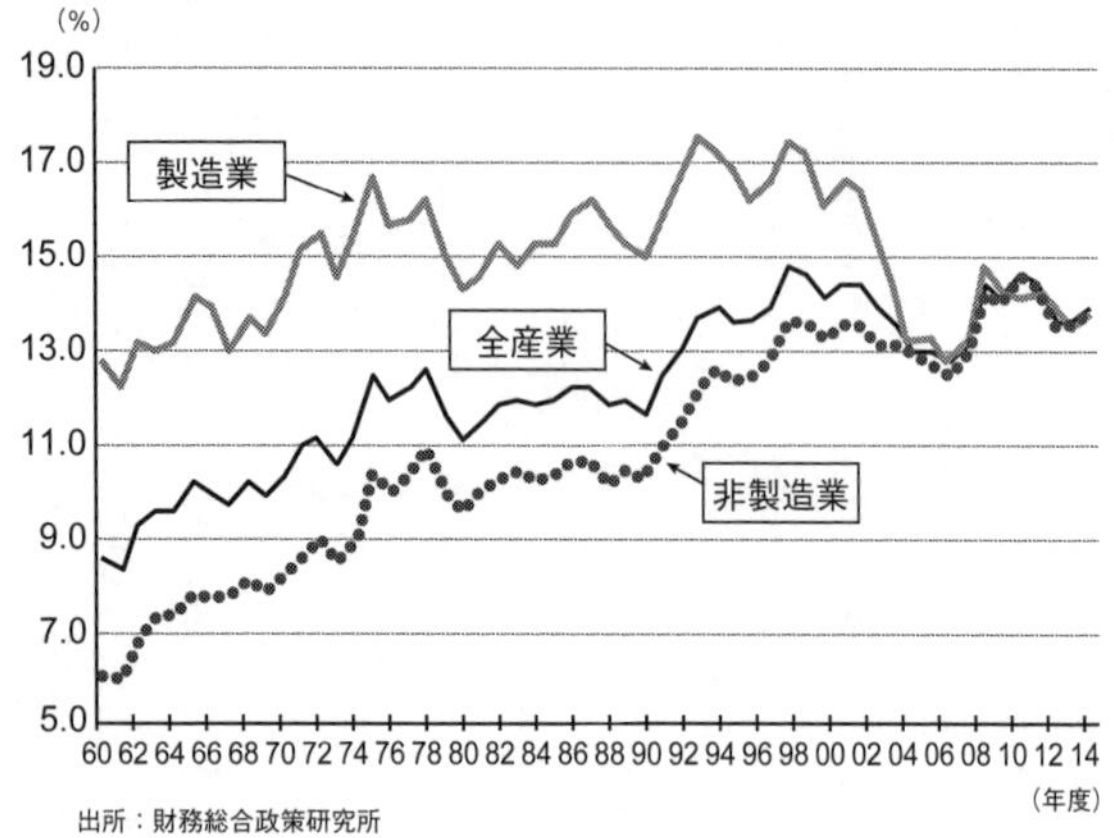

出所：財務総合政策研究所

かつて海外売上といえば輸出が中心だったが、今では現地生産や現地の法人を買収することが中心だ。そして、ここで稼いだ利益に関しては、GDPには反映されない。GDPとは、「『国内』総生産」だからだ。

すなわち、日本企業が海外で稼いだ分は、GDPには反映されない（正確に言えば、現地法人から受け取る配当はGDPに反映されるが、配当される額よりも内部留保が大きいだろう）。よって、「GDPが成長しなくても企業利益は増加する」という命題が成立するのだ。こう考えると、GDPの成長性のみによって日本株を判断すべきではないことがわかるだろう。

これから日本を牽引する産業・企業

ここまで、上場企業全体ということで見てきたが、株価指数、こと日経平均株価についてはさらに顕著な特性が存在する。それは、一部の企業によって指数が押し上げられるという点だ。

「日経平均は一部の企業の株価が大きな影響を与える歪《ゆが》んだ指数」という話を聞いたことがあるだろうか？　実際それは的を射ていて、たとえばファーストリテイリングの株価は日経平均の10％を構成する。以下、東京エレクトロン6％、アドバンテスト5％、ソフトバンクグループ4％と続き、この上位4銘柄だけで日経平均の約25％を構成するのだ。日経平均は「日経225」という別名の通り225銘柄なので、そのうちのわずか1・8％の企業が株価変動の25％を占めるのである。

なぜこのような事態になってしまったのだろうか。もちろん、「ひいき」しようとしているのではない。これらの企業が日経平均に採用されてから株価を伸ばし続けてきたため、結果としてその割合が大きくなってしまったのである。これは、日経平均がＴＯＰＩＸのように「時価総額加重平均」の計算方式になっていないことも影響しているが、重要なのは株価・時価総額を大きく伸ばす少数の企業が、全体の動きを左右するということである。

これは日本に限ったことではない。たとえば、米国のＳ＆Ｐ５００を見ても、その2割はＦＡＡＮＧＭ〈フェイスブック〈現メタ〉、アマゾン、アップル、ネットフリックス、グーグル〈アルファベット〉、マイクロソフト〉によって占められている。これら巨大ＩＴ企業が米国株の上昇を牽引してきたのだが、逆にこの6社がなかったとしたら、Ｓ＆Ｐ５００もかなり平凡な結果になっているのである。

これこそまさに資本主義のダイナミズムといえるだろう。すなわち「富めるものはより豊かに」、勝ち組はとことん勝ち続けるのが、資本主義の常識なのだ。特に、インターネットが発達し「プラットフォーマー」が力を持つようになった現代ではその傾向が顕著である。

ただし、ＩＴを活用したプラットフォーマーが幅を利かせる時代は、一旦終わりを見せつつあるかもしれない。なぜなら、これらの企業があまりに力をつけすぎたが故に、各国政府がこれらの企業を独禁法をはじめとする法律で縛ろうとする動きがあるからだ。また、企業戦略的に見ても、新たな成長の基盤を見つけにくくなり、結果としてどのプラットフォーマーも同じような領域に進出し、消耗戦を繰り広げている（たとえば、自動運転やＡＩなど）。

そこで私は、再び製造業に脚光が当たると考えている。なぜなら、いくらプラットフォーマーがすばらしいシステムを作ろうと、半導体などのハードウェアがなくては動かすことすらできないからだ。いわば、逆説的にハードウェアこそがＩＴ企業にとっての「プラットフォーム」だったのである。

このソフトウェアとハードウェアの覇権は、時代ごとに行き来しているようにも見える。過去十数年はソフトウェア全盛だったが、これからはハードウェアの時代がやってくると私は見ている。

そこで重要となってくるのが、日本のお家芸ともいえる「モノづくり」だ。特に重要な半導体製造技術という点に関しては、欠かすことのできない技術を持つ日本企業が多数存在する。これらの企業が海外の成長を取り込みつつ巨大化することによって、日本株・日経平均株価が大きく上昇することに期待しているのだ。

経済の一時代をけん引するのは、特定の産業であることが多い。これまでIT企業においしいところを持っていかれていたが、これからはその綱引きが逆転するだろう。いよいよ日本企業が「逆襲」にかかってもよいのではないだろうか。

半導体産業と日本――IT業界に革命をもたらす生成AI

ソフトウェアからハードウェアへ――これがこれからの大きな時代の流れだ。現在起きているITの世界の現実がそれを物語っている。

2022年11月30日、「生成AI」を代表するChatGPTが公開された。これはコンピュータの世界にとてつもない衝撃をもたらした。それまでAIといえば、コンピュータが勝手に動いてくれるというよりも、人間の指示を忠実に再現する「プログラミング」の延長に過ぎず、たとえば企業ホームページに実装された「AIチャットボット」は、検索語からFAQに誘導する程度が限界だった。話題になっている割には「期待外れ」という評価である。

しかし、ＣｈａｔＧＰＴの登場により世界は瞬く間に一変することになる。読者の皆さんもすでに経験済みかもしれないが、ＣｈａｔＧＰＴで質問すると、まるで人間が答えているかのように自然な言葉で回答が返ってくる。単なる単語をつなぎ合わせたものではなく、全体として一貫した論理性も維持しているのだ。しかも、その内容は有益で示唆に富んだものであることも珍しくない。私自身も、ブレーンストーミングや悩みの相談相手、ときにはメールなどのライターとして活躍してもらっている。まさに優秀な秘書を1人雇った感覚だ。

ＣｈａｔＧＰＴは公開からわずか2カ月で1億人のユーザーを獲得したといわれる。今では世界中で楽しまれているインスタグラムで2年半、ティックトックで9カ月かかった記録を、一瞬で、大幅に塗り替えてしまったのだ。生成ＡＩは瞬く間に、インターネットの世界のインフラとなったのである。

ここに巨大ＩＴ企業が飛びつかないわけがない。もともとＣｈａｔＧＰＴに出資していたマイクロソフトは、早速自社の検索エンジン「Ｂｉｎｇ」にＣｈａｔＧＰ

Tを搭載して、ＡＩ検索機能の提供を始めた。さらには、自社のオフィスソフトを使って資料を自動生成してしまう「Ｃｏｐｉｌｏｔ」の提供も発表している。

グーグルも危機感に追われている。もし、検索サービスのシェアがＢｉｎｇに奪われるようなことがあれば、同社は収益の柱を失ってしまうことになる。グーグルの親会社であるアルファベットのサンダー・ピチャイＣＥＯは「コード・レッド（緊急事態宣言）」を発出し、ＡＩサービスの提供を急いだ。２０２３年２月３日、ＣｈａｔＧＰＴから約２カ月遅れて対話型ＡＩサービス「Ｂａｒｄ」の提供を開始したのである。まさに目が回るような勢いだ。

マイクロソフトの創業者であるビル・ゲイツも、ＡＩについて「ＰＣやインターネットの登場と同じくらい革命的なもの」と言っている。ゲイツ自身がウィンドウズを世に出したことで世界は大きく変わり、自身は世界屈指の億万長者になったわけだが、その当人が感じるくらいだから本当に大きな変化が起きていることは間違いないだろう。

そういうわけで、ＡＩの開発やＡＩを利用したサービスを立ち上げようと、世界中で開発競争が進んでいるのである。もちろん、インターネット上で提供されることになるだろうから、これまでと同じように「プラットフォーマー」が現れて、結果として独占してしまう可能性も高い。その立場を逃すまいと、大小の企業がＡＩの開発に殺到しているというわけだ。

半導体が足りない！

私は普段、投資の世界に身を置いているのだが、このような急激な動きが起きると必ず特定の箇所に人々が殺到し、供給の不足と価格の高騰が起きるものである。それでは、今回不足するものは何だろうと考えたときに、真っ先に思い浮かぶのが「半導体」だ。

コンピュータは半導体の上で動くため、ＡＩ開発にはこれまでとは比べ物にならない量の半導体を使用することになる。これまで情報処理の主流が演算処理を得意とするＣＰＵ（中央処理装置）だったのに対し、ＡＩで使用する半導体はＧＰＵ（画像処理装置）と呼ばれるものだ。これはもともとゲームなどのグラフィック情報を処理するために生まれたものだが、その特性として同時並行的に情報を扱えるということがある。ＡＩでは大量の情報を同時並行的に扱う必要があるため、一つ一つ順に処理するＣＰＵに対してＧＰＵのほうが圧倒的に相性がよい。

ＧＰＵは、「大量の情報」を処理するため、チップそのものも大量に必要になってくる。すなわち、ＡＩ開発競争が熱気を帯びると、ＧＰＵが足りなくなるのである。そして、ＡＩの開発に使える最先端の半導体は、現時点でＮＶＩＤＩＡが開発し、ＴＳＭＣが製造するものに事実上限られている。したがって、これが手に入らないとＡＩの開発もままならないということだ。現に、テスラやＸ（旧ツイッター）を率いるイーロン・マスクは「今やＧＰＵは麻薬よりも入手が困難だ」と言っている。ＧＰＵは明らかに品不足に陥っているのだ。

この傾向は、ＡＩの開発競争が終わらない限り、またＡＩの進歩が続く限りは止むことがないように思われる。

日本の半導体産業の優位性

それでは、そのGPUを作っているのは誰だろうか。たしかに言えるのは、ここまでに名前を挙げたNVIDIAやTSMCはその中核を担っているということだ。NVIDIAはGPUに特化したファブレス（工場を持たない）半導体メーカーで、TSMCはNVIDIAなどから依頼を受けiPhoneにも搭載される世界最先端の半導体を作るファウンドリー（工場）である。これまでもコンピュータの進化とともに成長を続けてきた両社だが、今後その成長が加速することが想定されている。

この話だけを聞くと「やはり日本企業はお呼びではないのか」と感じるかもしれない。しかし、実はそうではない。たしかに、最終メーカーとしての「日の丸半導体」は、すでに第一線から退いて久しい。しかし、半導体製造のサプライチェーンを見ると、素材や製造装置など、その重要な部分をなお多くの日本企業が担っているのだ（図5－5）。

たとえば、半導体を置く基盤となるシリコンウエハは、信越化学工業とSUMCOの2社で世界シェアの50％を担う。出来上がった半導体を切り離すダイシング装

【図5-5】半導体サプライチェーンに携わる日本企業の一例

前工程（ウエハ製造、フォトマスク製造、成膜、レジスト塗布、露光、エッチング、洗浄、平坦化、ウエハ検査）	
装置	ニューフレアテクノロジー、レーザーテック、東京エレクトロン、KOKUSAI ELECTRIC、SCREEN HD、キヤノン、ニコン、日立ハイテク、荏原、東京精密
材料	信越化学工業、SUMCO、味の素、凸版印刷、大日本印刷、HOYA、AGC、JSR、東京応化工業、住友化学、富士フイルムHD、日本酸素HD、レゾナック、関東電化工業、ADEKA
後工程（ダイシング、パッケージング、テスト）	
装置	ディスコ、東京精密、芝浦メカトロニクス、アドバンテスト
材料	リンテック、日東電工、古河電気工業、三井ハイテック、新光電気工業、イビデン、レゾナック

参考資料：東洋経済

置は、ディスコが70～80％のシェアを誇る。ほぼ独占的なシェアを有する分野もあり、これらの企業がなくては半導体の供給はままならないのだ。

今はニッチにとどまっているかも知れないが、これらの企業は半導体市場の拡大とともに成長するだろう。独占的なシェアを誇るということは、利益率も高いということだ。ディスコの営業利益率は、直近で30％を超える水準である。買い手はいくら高くてもここから買うしかないので、とても有利な状況だ。高い利益率を維持したまま売上が増えるれば、利益は売上の成長以上に伸びることも期待できる。

AI開発競争によって、最先端のGPUが大量に必要になれば、素材や製造装置の需要も大きく伸びていく。そこで高いシェアを誇る企業にとっては、作れば作るだけ売れる、夢のような状況が来ていると言ってもおかしくない状況なのだ。

それでは、なぜ半導体製造の分野で日本企業がここまで活躍できているのだろうか。当然、各社で事情が異なるので一概には言えないが、私が一つ一つの企業を観察して得られた示唆としては、日本企業、そして日本人の気質にその本質があると見ている。

日本企業が得意とするのは、1つの技術や顧客に対して長い時間真摯《しんし》に取り組み続けられることだと私は考えている。

たとえば、近年株式市場を賑わすことも多いレーザーテックは、15年もの経営計画を立て、超微細な光波であるEUV(極端紫外線)を使用したマスクブランクス(半導体の製造過程で用いる)の検査装置の開発に成功した。一般的な上場企業の中期経営計画が3~5年程度だから、この15年というのがいかに長いかがわかるし、その間に従業員の転職が増えては開発もままならないだろう。

また、半導体関連企業としては馴染みがないかも知れないが、味の素も最先端の半導体において重要な役割を担っている。同社は、創業以来培ったアミノ酸技術を使って、独自の絶縁体フィルムを開発した。これが微細化が進む半導体製品において、日増しに重要性を増している。この商品は営業利益率が50%にものぼるとされ、味の素の営業利益の2割を占めるようになったという。これができたのも、何十年にもわたる基礎研究の結果だろうが、「合理的」な欧米企業では収益をなかなか生まないこのような研究は、初期段階でコストカットされていたかもしれない。

そもそも日本人は「匠の技」といわれるように、半導体のような細かいものを作るのに長けているのかもしれない。

同時に、対顧客という意味でも、日本人の特性は本領を発揮している。「日本のサービスは世界一だ」といわれることがあるように、日本の商売では目の前の顧客を徹底的にもてなすことが良しとされる。非効率な面もあるが、半導体の世界ではそれが功を奏したのだ。

最先端の半導体製造の顧客は限られていて、現在ではTSMC、インテル、そしてサムスンでほぼ網羅される。すなわち、日本企業としてはこれらの顧客の要望に応え続けていれば、必然的に最先端の技術についていくことができたのだ。もちろん、その要望はハードなものだったことが想像されるので、ライバル企業は「やってられない」と脱落していったのではないだろうか。いや、そうでなければ日本企業だけがこんなに高いシェアを取ったことの説明にならないだろう。

実際に、東京エレクトロンはもともと半導体商社としてスタートしたが、半導体メーカーの要望に応えるうちに、自らがメーカーとなり、最先端技術を身につけてきたのだ。これぞまさに「お客様は神様」の日本ならではの成果といえる。

こうしてすでに日本の半導体関連企業は成長を遂げ、前述した日経平均構成比率では2位に東京エレクトロン、3位にアドバンテスト、8位に信越化学工業と、すでに日本株を大きく動かす原動力となっている。これらの企業がさらに大きくなるとすれば、日経平均株価がさらに上昇しても、なんら不思議はない。

地政学リスクにおける日本の優位性

高い技術力によって日本企業が半導体製造において重要な位置を占めていることは間違いない。今後、ＡＩ等の発展によって半導体が世界的な重要性を増す中で、関連する日本企業が躍進する姿は、かなり具体的にイメージすることができるだろう。ハイテク化が進む世界はもはやこのような日本企業なくして成立しえないのだ。

一方で、世界経済には不穏な空気もある。２０２２年にはロシアがウクライナに侵攻を始め、約1年半が経った今も終結の気配は見えない。戦争によるサプライチェーンの混乱で、一時は原油価格が高騰するなど世界経済にも大きな影響を与えた。このように、地政学リスクも世界経済とは切り離せない問題である。

地政学リスクといえば、ここ数年にわたって世界経済の悩みの種になっているのが米中対立である。米国は政治的・経済的に力を増す中国に対して危機感を持ち、さまざまな牽制を行っている。特に半導体に関しては、さまざまな禁輸措置などを通じて、中国企業を排除する動きをとっている。

なぜ米国がこれほどまでに中国、そして半導体を警戒するのか。それは、半導体が経済的に重要であるのはもちろんのこと、軍事的にも重要な役割を果たすからだ。最新鋭のミサイルには、最先端の半導体が必要である。現にロシアでは、半導体が手に入らないことで軍事物資の調達もままならなくなっている。米国としては、その製造能力を自らの手元に押さえておけば安心というわけだ。

対する中国もその重要性はよくわかっている。半導体を押さえれば、経済的にも軍事的にも世界の覇権を握れることは明らかだからだ。そのため、中国政府は莫大な予算をかけて半導体および半導体製造企業の育成に躍起になっている。

ただし、いくらお金をかけても最先端の半導体技術は簡単に手に入るものではない。世界でも特定の企業だけが持つ技術があり、たとえばオランダ・ASMLの露光装置はどこも真似することができないといわれているし、先述の日本企業でも同様なものが多い。これらの国々が「西側」に属してさえいれば、禁輸措置等を通じて中国半導体製造の首根っこを押さえることができるのである。

しかし、そこで米国にとって悩みの種となっているのが、台湾問題である。なぜなら、世界最先端の半導体を製造できる「最強」の工場を保有するのが、台湾のTSMCだからだ。中国は台湾を自国の領土だと主張しているから、もし台湾を「統一」することがあれば最先端の工場ごと持っていかれる可能性がある。米国はこの事態を危惧しているのだ。

中国にはすでに「前科」がある。香港問題だ。1997年のイギリスからの返還後も「一国二制度」を50年間は維持する約束だったのだが、事実上それを破棄し、国際社会の反対を尻目に自国の枠組みの中に取り込んだ。これが思いのほかうまくいったものだから、習近平国家主席が「次は台湾」と考えてもおかしくないのである。「ウクライナの次は台湾」というのも、にわかに現実味を帯びる話だ。

このような地政学的な問題があるからこそ、米国は巨額の補助金を出してまで米国に最先端の工場を誘致している。お膝元のインテルは現在最先端から後れを取っているがその挽回を期待するところだし、TSMCにも米国内に工場を造らせた。自国に最先端工場があることは、米国にとって何よりの「お守り」なのである。

米国の「次善の策」としての日本

ところが、事態はそう簡単ではない。なぜなら、米国という国は半導体の製造に必ずしも適した場所ではないからだ。半導体はそれこそ「原子数個」というレベルでの緻密さが要求される。工場の内部は、ホコリ1つ許されないという絶対的な管理が求められる。そこで働く従業員には、緻密さや勤勉さが求められるが、米国人にそれを求めるのは容易ではない。そもそもTSMCがこれほど強くなったのも、台湾の国民性があってのことだ。東アジア人は、西洋人に比べて緻密で真面目であるといわれる。

かつて日米半導体競争が盛んだった頃、当時「安かろう悪かろう」だと見られていた日本の半導体だが、蓋を開けてみると不良品率は、米国の製品が日本のそれより10倍も高かったのである。その後、半導体の製造拠点は日本、近年は台湾、韓国に移った。経済はどこまで行っても「合理的」なのだ。

今、改めて米国に工場を造り、なんとか稼働にはこぎつけているようだが、前途多難だろう。不良品率が高ければ製品として成立しないし、勤勉な労働者を雇おうと思ったら、ただでさえインフレで賃金水準が上がっている米国では多額の給与を払わなければならない。結果として、コストはかさむ一方で、製品の品質は低いという、経済的にはまったく成り立たないものが出来上がるのだ。いくら政治的・軍事的に重要であっても経済的に成り立たないものを維持するのは難しいだろう。

そうなると、米国としては第三の選択肢が必要だ。米国で無理なら、米国と親密で中国の息がかかっておらず、かつ勤勉な従業員を低賃金で雇える国が最適である。そうやって浮かび上がってくるのが、日本というわけだ。

決して喜べる話ではないが、日本の賃金はこの30年間ほとんど上昇していない。一方で、日本人の、特に現場で働く人の質が落ちたという話は聞かない。それどころか「メイド・イン・ジャパン」の信頼性は増すばかりである。さらに、足元の円安で海外から見たときの日本人の賃金はさらに安くなったので、工場を造るにはこれ以上ない条件が見事に揃ったのだ。

そうやって出来上がったのが、ＴＳＭＣの熊本工場である。現在、熊本を中心に九州には日本、そして世界中から半導体メーカーが集まってきている。現地の不動産価格は高騰し、工場へ向かう人の渋滞があちこちで発生しているという。まさに「令和の半導体バブル」の様相だ。

熊本の例は、単なる始まりに過ぎないかもしれない。「日本」という国で、労働力が確保できれば、日本中で同じことが実現できるはずだ。そうなると、いよいよ日本全体が熊本のように活気を帯びるようになったとしてもおかしくないだろう。

産業ができれば、そこに人が集まる。人が集まれば、彼らの生活のためにさらに産業が生まれる。このような好循環に入れば、やがて半導体に限らず、日本企業全体の収益が向上することもできるのではないだろうか。私がこれから日本株の上昇を期待するのも、半導体を中心とするこのような波及効果を想像するためである。

世界に通用する日本の産業――円安と「親日世界」の相性は抜群

現在の半導体産業を見ると、世界経済の中で日本という国や日本企業、日本人が持つ優位性を存分に発揮していることが浮き彫りになってくる。

日本のパスポートは「世界最強」といわれる。これは、ビザなしで渡航できる国の数が世界のどの国より多いということである。その数は193カ国（2023年1月時点）とシンガポールと並び、196の国連加盟国の大部分が該当する。

この数字が意味することは、日本が国家として諸外国といかに友好的な関係を築いてきたかということだ。ビジネスにおいてこれほどやりやすいことはない。これは、「友好関係にない」国のことを考えてみるとわかりやすいだろう。日本と友好関係にない国の代表といえば北朝鮮だが、そこへモノを輸出しようと考えると一大事だ。正規のルートでは入国もままならないし、モノを輸出するにも制限ばかり。まして、軍事転用される可能性のある半導体など言語道断だろう。幸いにして、北朝鮮を除いてこのような国はほとんど皆無なのである。

もっとも、経済的影響力の観点では米国や中国にも及ばないかも知れない。経済的な観点での世界における日本の「地位の低下」が叫ばれることも多い。しかし、一見力を失いつつあるように見えるからこそ、他国からの警戒感が緩むという考え方もできる。

たとえば、かつて1980年代には「日米貿易戦争」が盛んだった。論争となった分野は自動車や半導体である。米国としては日本があまりにも強くなりすぎたため、「力」によってそれを弱体化させようとしたのである。具体的には米国への輸出制限や1985年のプラザ合意に代表される円高政策である。これらの政策によって、かつてまさに「世界の工場」だった日本はその地位を失い、現場は中国や韓国、台湾といった低賃金の国へ流れた。製造コストで優位性を築いていた最終メーカーとしての「日の丸半導体」は急速に力を失ったのである。

しかし今、仮に日本が力をつけたところで、米国から睨まれる可能性は低いのではないだろうか。余程のことがない限り、もはや日本が米国を凌駕する経済力を身につけるとは考えにくいし、それよりも米国は2030年代にもGDPで逆転するといわれる中国との競争に躍起となっている。その中で、日本は米国の「友好国」として、有効な「駒」となりうるのだ。日本はプライドを捨て、この立場を存分に利用すべきだと考える。

米国としては、自国の工場がうまく機能しなくても、日本にあるならひとまず安心である。日本との政治的・経済的な結びつきは強く、いざとなったら日本には米軍が駐屯している。いわば、ほとんど「自国」といっても過言ではないのだ。

自国に準ずる扱いとしてなら、かつては目の敵だった円安ももはや前向きな材料となる。円安があるからこそ、米国人は高品質なものを低価格で手に入れることができるのだ。かつてはそれによって国内産業が脅かされる可能性が高かったからこそ問題だったのだが、今となってはそもそも米国は生産拠点としては重要ではなくなっているため、もはや影響は小さい。米国企業自身も、より有利な国で製造を行えばいいわけで、その証拠にかつて半導体のライバルとして日本企業と敵対したインテルも、日本での工場建設を検討していると報道されている。そのような背景があるからこそ、今1ドル＝150円のような円安になっても、日米両国の政府は何も言わなくなった。なぜなら、それが「心地よい円安」だからである。

半導体に限らず、多くの産業はこの状況を有効に活用すべきだ。たとえば、円安の恩恵を受ける代表的な産業にインバウンドがある。コロナ禍では風前の灯火だったが、2023年7月現在、街を歩くと再びコロナ前のような外国人観光客の姿を目にする。6月の外国人観光客数は2000万人を超え、年間3000万人を超えた2019年に少しずつ迫ろうとしている。今なお停滞している中国人観光客が戻ってくれれば、再び過去最高を更新する流れになるだろう。

コロナ前から、日本は「訪れたい国」として人気が高かった。その理由としては、日本がこれまで育んできた独自の文化を見たいという声が上位に挙がる。せっかく海外に行くのだから、自国では体験できないことをしようと考えるのだ。単に自国でできないことなら未開の地で非文明的な生活をしてみればよいということになるが、それをやりたいという人は少数派だろう。重要なのは安全性や快適性を保ちながら、異国体験を味わうことである。その意味で、日本のおもてなしや治安の良さは折り紙つきだ。自分が海外に行くことを考えても、やはり安全なところに行きたいと多くの人は考えるだろう。

一方で、ネックだったのが旅行費用の高さである。特に欧米から見れば、日本は遠い国であり、渡航するだけでもかなりのお金がかかった。しかしこの円安は、旅行者にとって恵みの雨となっている。少なくとも、滞在時にかかる費用としては、

1ドル＝100円のときに比べたら3割以上も安くなるのだ。日本に渡航したい人にとっては「少し前よりも円安」というだけでも、そのきっかけになるだろう。

この状況を作り上げられたのも、各国と友好関係を築き上げてきたこと、そして国内外で日本人が好印象を与え続けてきたことにあると考える。私は2013年に新婚旅行でスペインを訪れたのだが、（ほかの東アジアではなく）日本人だと聞くと非常に歓待してくれたように感じた。南スペインのマラガでは、やけに周囲の人たちが「ヤポーネ、ヤポーネ（日本人）」と言ってくれた。これが、先達たちが築き上げてきた日本に対する信頼だろう。

日本を訪れた観光客にとっても、日本の「おもてなし」の好感度は非常に高いようだ。だからこそ彼・彼女らは、自国に帰ると友人たちへ日本への旅を勧める。こうして、さらに日本を訪れたい人が増えることになるのだ。こうして増え続けるものこそ、まさに「信頼」といえるだろう。

株価にとって重要な「信頼」

ここで株価の話に戻ろう。株式の「本源的価値」といわれるものは、ディスカウント・キャッシュ・フロー法（DCF法）によって算出される。これは将来のキャッシュ・フローを予測し、それを現在価値に割り引いて足し上げるものである。予測の仕方によって結果は大きく変わるので、これだけで「理論株価」が計算できるわけではないのだが、そこで重要なのは「永続成長率」と「要求収益率」だ。

具体的な数式の話は、当社の顧問でもあるろくすけ氏著『10倍株の思考法「ビジネスモデル×企業価値」で考える株式投資入門』（日経BP社）をご参照いただきたいが、要するに「永続成長率が高い企業」「要求収益率（リスク）が低い企業」は高いPERで評価される、というものである。もっと日本語的に表現するなら「長期間にわたって成長を続けることができ、安心して見ていられる企業の株価は上がる」ということだ。これも一言で表すなら「信頼」ということになるだろう。

すなわち、日本企業が国内外で「信頼」を積み上げていくことが、長期的な株価の向上に寄与するのである。これは目先の株価ではなく、長期的な「価値」の話だ。目先の急成長は株価の急騰、ときにはバブルを生むが、すでに私たちが経験しているように、バブルはやがて弾ける。一方で、時間をかけて積み上げた価値があれば、もう株価は逆戻りすることはない。株価の向上ということを考えたときに、本当に私たちが目指すべきなのは目先の急成長ではなく、「信頼」という価値を積み上げることであり、今の日本はそれを獲得するための絶好の機会を得ているのである。

「アニメ世代の大人化」で収益化する日本のコンテンツ

日本が世界で突出したコンテンツを持っていることは多くの人が認識しているだろう。たとえば、ドラゴンボールやワンピースなどのアニメは、地球の裏側であるブラジルでも大人気だ。中国では、最近公開されたスラムダンクの映画『THE FIRST SLAM DUNK』が、アニメ映画としての興行収入を次々に塗り替えているようだ。

しかし、これまで日本は世界で通用するコンテンツを持っていながら、それをビジネスにつなげるのが苦手だった。漫画やアニメについて言えば、版権や放映権収入を得るまでが関の山だった。これらが日本のGDPや日本企業の株価上昇に貢献してきたという話はほとんど聞いたことがない。

ところが、ここ最近になって、上記のスラムダンクのような事例を多く聞くようになった。『鬼滅の刃』は、グローバルに活動するソニーによって全世界に配給され大ヒットを生んだ。ゲームが発祥の『ザ・スーパーマリオブラザーズ・ムービー』は2023年6月時点でアニメ映画の世界興行収入歴代2位を記録している。日本のコンテンツがいよいよ「お金」に姿を変えてきているのだ。

なぜこのような現象が起きているのだろうか。その理由は、まさに日本が時間をかけてその「価値」を培ってきたからではないだろうか。

今、映画を見に来ている人の年齢層を見ると、子供はもちろんだが、目立つのはその親世代、すなわち30〜40代である。ちょうど37歳の私と同世代の人たちだ。彼らが育ってきた環境を考えると、子供を連れて映画を見に行く動機は非常によくわかる。この世代は子供のときはまだテレビが家庭の中心で、そこで多くのアニメを見て育った。時を同じくしてファミリーコンピュータからスーパーファミコン、プレイステーションやＮＩＮＴＥＮＤＯ64などとゲームを渡り歩いてきた世代だ。少し時間差はあるにせよ、海外の同世代も同じような状況だと推測する。

彼らが「任天堂の映画が公開される」と聞いたらどう思うだろうか。マニアな人が真っ先に飛びつくのは間違いないが、そこまでではない人にとってもこれらのコンテンツは馴染み深い存在だ。そして、彼らはすでに家庭を持ち、子供がいる。自分の知っているコンテンツを子供にも教え、休日の「ファミリーデイ」と称して一緒に映画に連れ立つのだ。子供もそれなりに楽しめるし、自らは懐かしさに浸ることができる。

私は自らもこの感覚をリアルタイムで感じている。その対象はポケモンだ。子供になんとなくアマゾン・プライム・ビデオを見せていると、そこでは見放題の対象としてポケモンのアニメが入っていた。これなら見せても問題ないと流しているうちに、いつの間にか子供もポケモンが大好きになっていた。そのうち気がついたら家の中はポケモンのぬいぐるみだらけになっていた。我が家にＳｗｉｔｃｈが置かれるのも時間の問題だろう。

もっとも、私自身は大人になった今よりも子供のときのほうが圧倒的にポケモンにはハマっていた。ほかのものを犠牲にしてまで、ポケモンを買うほどの入れ込み方ではなかったが、その一方で、大人になった今の自分にとっては、子供にポケモンのぬいぐるみを買い与えるくらいならわけないのである。

これは、自分が子供のときを踏まえた密かな反撃なのかもしれない。当時の大人たちは、登場したばかりで子供の時間を奪っていくゲームやアニメを目の敵にしていた。ゲームが青少年に悪影響を与えると、本気で議論されていたのである。しかし、自分が大人になった今、それを妨げるものはない。自分の子供にくらい、好きにゲームやアニメを楽しんでもらいたいと考えるのも自然なことだろう。

すなわち、これは「世代」が変わったことによる変化と捉えることができるのではないだろうか。海外の子供たちを、時間をかけて取り込んだ成果が、彼らが大人になることによってようやく花開いたのだ。実際に、海外のアニメ市場は今、急速に拡大している。

そして、これは私たちの世代だけで終わる話ではない。なぜなら、明らかに「今」の子供たちにも影響を与えているからだ。しかも、今はインターネットで動画が好きなだけ見られる時代である。私がアマゾン・プライム・ビデオでポケモンを見せたように、世界中でアニメの「引き継ぎ」が行われているはずだ。これにより、収益化する期間はどんどん長くなっていく。先述した通り、株式の「価値」を向上させるのは、「長期間にわたる成長」である。これを取り込むことができれば、日本株上昇に貢献する可能性は十分にあるだろう。

すでに名前の挙がったソニーや任天堂はもちろん、東映や東宝などの映画配給会社、バンダイナムコなどのおもちゃ会社も海外での売上を着々と伸ばしている。ここから「エース級」の伸びを示す企業が、日本株を押し上げるのだ。

日本企業の強みである「時間」

ここまで来ると、日本が強みを持つこととして「時間」の要素が強く関わっていることがおわかりいただけるのではないだろうか。アニメが子供たちに見られてから大人になってお金に自由がきくようになるまで、日本旅行の良さが口コミで海外の人々に伝わるまで、長年お荷物だった技術がついに商品として花開くまで。いずれもひと世代以上かかる話である。

海外、特に米国を見ていると、得意なのは「スピード」だ。シリコンバレーでは次々に新しい企業や技術が生まれている。すばらしいトップが登場して、瞬く間に企業を再生させる。しかし一方で、ダメなものはすぐに葬り去られてしまう。まさに弱肉強食の世界だ。そんな中で、お金にならないコンテンツや技術をじっくり育てている時間はない。

日本は、平成に入って間もなく起きたバブルの崩壊から「失われた30年」といわれた。しかし、この30年をかけてじっくりと育んできた「価値」が今花開くときである。

世界の一般法則として「栄枯盛衰」があると私は考えている。一時は栄華を極めたように見えても、なんらかの要因によってやがて廃れていく。その一方で、ダメだと思われていたものが息を吹き返すこともある。この30年間が米国企業の時代だったとして、それは果たして永遠に続くものだろうか。私は決してそうは思わない。むしろ、日本が米国と違えば違うほど、これから活躍できる可能性は十分にあると考える。

もちろん、それを単に座して待っているだけではうまくいかないだろう。どんな方向性にせよ、不断の努力が必要なことは間違いない。一方で、人々の役に立つ正しいやり方を続けていれば、やがて「信頼」を獲得することができ、企業価値は積み上がっていくことになる。それがついに利益となって数字に現れたとき、株価は大きく羽ばたくことになるのだ。

私的年金制度の影響――米国株長期上昇の秘密は「ＩＲＡ」にあり

株価が成立する背景には、それを取引する投資家がいる。では、日本株を誰が取引しているかといえば、その7割は海外投資家だ。したがって、海外投資家が日本株を買うときには株価が上がり、売るときには下がるという流れがこれまで繰り返されてきた。アベノミクスで日本に流入した海外の資金は、現在ではほとんど抜けてしまっているという。このような状況では、安定した株価上昇は見込みにくい。

現時点で、ウォーレン・バフェットの商社買いなどもあり海外投資家が日本株を買っている状況だが、これもブームが去れば抜けていってしまう可能性は高いと思う。投資家とはそういうものなのだ。

ただ、海外投資家にばかり責任を押しつけるわけにはいかない。日本株のことなのだから、日本人がなんとかすることも重要である。特に日本には2000兆円もの個人金融資産が眠っていて、その大半が預貯金となっている。株式や投資信託に回っているのは約300兆円で、ポテンシャルは大きい。「貯蓄から投資」が叫ばれて久しいが、その間も増えるのは貯蓄ばかりだった。

一方で、株式を購入している300兆円にも問題がある。なぜなら、個人投資家の傾向として明確にあるのが「逆張り」だからだ。すなわち、下がったときには勢いよく買い、ある程度上がるとどんどん売っていくのだ。これはある意味、理にかなっているのだが、その前提として「上がり続けることはない」と考えているのではないかと思う。たしかにこの数十年、日本株が上がり続けることはなかったので、そのような投資行動に出るのは当然かもしれない。しかし、この考えこそ、私たちが払拭すべきものである。

「上がっても売らない資金」とは何か。その最たるものが「積立資金」である。貯金が時間とともに増えていくように、余裕資金ができるたびに株を買い増す人が増えれば、株式市場に資金が流れ続け、需給のうえでも大幅に改善され、下がらないばかりではなく長期的に右肩上がりの上昇が期待できる。

米国ではこのような状況がすでに実現している。1974年にIRA（私的年金制度）、1981年に401k（企業型年金制度）が導入され、順次その内容が拡充されてきた。これら年金制度の残高はみるみる拡大し、2020年時点で21・9兆ドル（2518兆円、当時の為替レートでは2066兆円）と、米国の株式時価総額の半分にもなるのだ。これが米国株が躍進を続けてきた一端を担っていると考えてよいだろう。

「新NISA」で米国を再現できるか？

今、日本で岸田政権は「資産所得倍増プラン」を掲げている。その最大の目玉が、NISAの大幅な拡充である。非課税口座の投資可能額は、年間360万円（成長投資枠：240万円、つみたて投資枠：120万円）にもなる。合計で1800万円までという制限はあるものの、一般の家庭にとっては十分な金額だろう。

制度の拡充と同時に重要なのが、金融教育である。NISAだけでなく、確定拠出年金である401kやiDeCoも利用することが賢い資産運用になるし、むしろこちらのほうが年金として受け取るまで引き出せないので、安定した「買い」需要としての効果は高い。逆に言えばNISAは引き出しが可能なので、それだけでは需給の改善に継続的な効果があるとは限らない。確定拠出年金で積立や長期保有の効果を実感したうえで、初めて長期資金としてのNISAが効果を発揮するのだ。

読者の中には「日本人は米国人と違って投資に慎重なので、投資が根付くとは思わない」という方もいるかも知れない。しかし、それはこのわずか30年間の話である。日本人が投資に慎重になったのはバブル崩壊後の話で、バブル時代は誰もが「財テク」に熱狂した。もっと時代を遡ると、世界で最初に先物取引を行ったのは大坂の堂島米市場だし、当時から引き継ぐ日本独自の「投資格言」も存在する。江戸時代の本間宗久の言葉とされる「野も山も皆一面に弱気なら、阿呆になりて買いの種まけ」とは、ウォーレン・バフェットにも通じる投資の心理だろう。
逆に、米国で投資文化が根付いてきたのはこの数十年の話である。1970年代の米国株は低迷を続け、1979年には『ニューズ・ウィーク』が「株式の死」として特集を組むほど悲惨な状況だった。そんな中で始まったのが、先述のIRAや401kである。まさに「一面弱気」のときに、米国では「買いの種」をまいていた。

金融リテラシーと右肩上がりの相場は、まさに相互補完の関係にあるのだ。

日本でも、制度と相場、そして金融リテラシーがうまく絡み合い、日本株が長期的に右肩上がりになることを期待したい。

日本人が日本株を買うこと

ただし、ここで重要になるのは、日本人が「日本株」を買わなければ日経平均株価の上昇には寄与しないということである。今、積立投資というと、最も一般的なのが「全世界株式」や「S&P500」への投資だろう。世界や米国の株を買っていて、日本株はほとんど買っていないのだ。私も、確定拠出年金では全世界株式に投資している。

その理由は、やはり日経平均株価やTOPIXでは心もとないからだ。ここまで取り上げたように、これから日本で大きく成長する分野や企業はたくさんあると思っている。一方で、人口減や世界的競争の中で衰退する分野も少なくないということだ。衰退する企業がいつまでもこの中にとどまっていることにより、指数の足を引っ張ってしまっているのである。

ここで、日本株が上昇するためのもう1つの条件が浮かび上がってくる。それは、日本企業が全体として元気になることだ。そのために不可欠なのが、新陳代謝である。大企業の中でも儲かっていない事業があるなら、それは得意な企業に譲り、自らが強い分野に集中すべきだ。そうやって非効率を改善して整理が進むことで、日本企業全体としての資本効率が向上するはずである。その過程で、米国のGAFAMのようなエース級の企業が生まれ、やがて指数を大きく押し上げることになるだろう。

そうなれば、日本株も好循環に入るに違いない。日本株の上昇に気づいた個人投資家たちが、NISAや確定拠出年金で日本株を買うようになる。そうするとさらに日本株が上昇するため、人々はさらに信頼を厚くし、それがさらに株価を押し上げることになるのだ。これが続けば、数十年後の日本が米国のようになっていてもおかしくない。

日経平均が上昇するために必要なのは「日本人が、日本株を買うこと」なのだ。

日経平均6万円が実現する条件

これまで論じてきた内容から、日本株が上昇する条件が浮かび上がってくる。1つは、日本の産業が盛り上がってくることだ。それも、少子高齢化が進む国内の需要をあてにするのではなく、世界的な需要を取り込むことだ。半導体製造技術やコンテンツはほかの国にない日本の「お家芸」として、有力な可能性となるだろう。

もう1つは、日本人が日本株を買うことだ。2024年に始まる新NISA制度は、そのきっかけとなりうる。制度の開始によって、多くの日本人が投資の重要性に気づき、眠れる2000兆円の個人金融資産が投資に回れば、過去40年の米国と同じような状況が再現できるだろう。もっとも、そこで外国株を買っていたのでは日本株を上げる効果は薄まってしまうので、日本の産業が盛り上がること、そしてそこからエース級の企業が出てくることが大前提だ。

　産業の活性化と個人金融資産の流入は、表裏一体の関係である。好調な企業業績なしに資金の流入は期待できないし、同時に産業の担い手である日本人が資本家的観点を持って経営や勤労に取り組まなければ資本の効率化は起きない。この２つがうまく機能したとき、初めて日経平均株価は安定的な成長軌道に乗るだろう。

　この条件が達成されたと仮定したときに、私が予想する日経平均株価は「２０２８年までに６万円」である。根拠としては、現在の日経平均ＥＰＳ＝約２１５０円が年率８％で成長し３１５９円に、ＰＥＲが現在の15倍が20倍になることである。もっとも、ＰＥＲの変動は水物なので、これが変わらなかったとすると約５万円だが、このくらいの幅を持って考えたい。逆に言えば、業績さえ年８％で伸びれば、少なくとも１９８９年の過去最高値である３万８９１５円を超えることは容易いのである。それがいつ達成されるかは、あとは世界景気の動向次第だろう。

最後に、個人投資家に長期投資のアドバイスを行っている投資顧問のはしくれとして、エールを送りたい。長期投資において重要なのは、企業が成長することである。期間が長くなればなるほど、割安かどうかということはほとんど関係がなくなる。そう考えると、あなたにとって必要なのは「長期的に成長する企業を買う」ことだ。このやり方をしていれば、相場の変動など気にする必要はなくなるし、純粋に「良い」と思った企業を、気づいたときに買えばいい。バフェットの言葉を借りるなら「株式投資の極意とは、すばらしい企業を適切なタイミングで買い、すばらしい企業である限り持ち続けること」である。

すばらしい企業の登場によって、日本株とあなたの投資がうまくいくことを心から祈って筆を置くことにする。

著者プロフィール

ポール・クルーグマン／Paul Krugman
1953年、アメリカ・ニューヨーク州生まれ。経済学者。イェール大学で経済学を学び、マサチューセッツ工科大学で博士号を取得。現在、ニューヨーク市立大学教授。2008年にノーベル経済学賞を受賞。『ニューヨーク・タイムズ』のコラムニストとしても知られる。

武者陵司／Ryoji Musha
1949年、長野県生まれ。株式会社武者リサーチ代表。横浜国立大学経済学部卒業。大和総研アメリカ・チーフアナリスト、ドイツ証券副会長兼チーフ・インベストメント・アドバイザーを経て現職。著書に『アフターコロナ V字回復する世界経済』(ビジネス社)などがある。

熊野英生／Hideo Kumano
1967年、山口県生まれ。エコノミスト。1990年3月、横浜国立大学経済学部卒。同年4月、日本銀行入行。2000年8月、第一生命経済研究所入社。2011年4月より同社経済首席エコノミスト。日本ファイナンシャル・プランナーズ協会常務理事兼任。

ハーディ智砂子／Chisako Hardie
東京都出身。慶應義塾大学文学部社会心理教育学科卒。1990年から英国エジンバラ在住。生命保険会社や資産運用会社などで投資業務を歴任。2006年よりフランスの大手保険グループAXAの資産運用会社AXAインベストメント・マネージャーズ勤務。日本株アクティブ投資の責任者。著書に『古き佳きエジンバラから新しい日本が見える』(講談社+α新書)がある。

栫井駿介／Shunsuke Kakoi
1986年、鹿児島県生まれ。つばめ投資顧問代表。東京大学経済学部卒業後、大手証券会社に勤務。2016年に独立し、つばめ投資顧問設立。2015年、大前研一氏が主宰するBOND-BBTプログラムにてMBA取得。著書に『年率10%を達成する! プロの「株」勉強法』(クロスメディア・パブリッシング)など。YouTubeチャンネル『つばめ投資顧問の長期投資大学』を運営。

編集／宮下雅子、大竹崇文
DTP／G-clef
本文デザイン・図版制作／池上幸一
帯写真／ゲッティイメージズ

宝島社新書

日本株はどこまで上がるか
（にほんかぶはどこまであがるか）

2023年9月22日　第1刷発行

著　者　ポール・クルーグマン
武者陵司、熊野英生
ハーディ智砂子、栫井駿介

発行人　蓮見清一
発行所　株式会社　宝島社
〒102-8388 東京都千代田区一番町25番地
電話：営業　03(3234)4621
編集　03(3239)0646
https://tkj.jp
印刷・製本　中央精版印刷株式会社

ISBN 978-4-299-04657-4